The "little self" strategy

成功する人だけが知っている

小さな自分という戦略

しなやかに、したたかにチャンスをつかむ

井上裕之
Inoue Hiroyuki

青春出版社

「自分は愚《おろ》かである」と認められる者こそ、
賢者である。
「自分は賢者である」と思っている者こそ、
愚者《ぐしゃ》である。

——ブッダの教え

「小さな自分」を知り、しなやかに、したたかに、結果をつかむ。

○ 小さな自分を認識する人は、
バカのふりをして、大きなスケールでものを考えられる。

× 自分の大きさを見誤る人は、
バカにされないように、考えを小さくまとめる。

○ 小さな自分を認識する人は、
0ベースで考え、大きな目標を達成する。

× 自分の大きさを見誤る人は、
過去の実績にとらわれ、現状を維持する。

○ 小さな自分を認識する人は、
すべてが想定内だから、小さなことにクヨクヨしない。

× 自分の大きさを見誤る人は、
不安、リスクにとらわれて感情を乱す。

○ 小さな自分を認識する人は、
ひとりの力を過信せず、すべてを抱え込まない。

× 自分の大きさを見誤る人は、
他者からの評価を気にして、思考停止する。

○

小さな自分を認識する人は、
欲望に忠実に仕事を完遂《かんすい》する。

×

自分の大きさを見誤る人は、
経験を誇りに、現状の仕事をこなす。

○

小さな自分を認識する人は、
他人をコントロールせず、人間関係に悩まない。

×

自分の大きさを見誤る人は、
他人へ期待し、恩恵を得られないと嫉妬《しっと》する。

○

小さな自分を認識する人は、
価値あるつながりを求め、運をつかむ。

×

自分の大きさを見誤る人は、
ムダな努力に力を注ぎ、運を逃がす。

○

小さな自分を認識する人は、
小さな行動に快感を得て、価値ある結果をつかむ。

×

自分の大きさを見誤る人は、
自分の行動に満足できず、挫折《ざせつ》する。

○

小さな自分を認識する人は、
無知をチャンスととらえ、学びの機会を増やす。

×

自分の大きさを見誤る人は、
知っていることを重視し、学びの機会を減らす。

はじめに　成功する人が使っている「小さな自分」戦略とは？

今の自分に、「才能がない」「能力がない」「お金や時間がない」「経験がない」ということは、たいした問題ではありません。

時代、環境に左右されず、しなやかに、したたかに、自分の理想の姿を実現するためには、むしろ**「今は何も持っていない」ほうが都合がいい**からです。

私は、自己実現のために、「まだ何も成し遂《と》げていない自分」「まだ何者でもない自分」である「小さな自分」をポジティブに使うことが、人生攻略の最高の戦略だと考えています。

これは、発想の転換でも、成功法則の逆張りでもなく、一番確実で王道の自己実現法です。「今の自分」を知るだけで、思考と行動は変わり、あなたの価値は高まります。

◉多くの人が間違って使う「成功常識」をやめる

著者として本を書き始めて11年がたちました。おかげさまで私の著書を読んでいただいた人々から、人生が好転したストーリーをたくさんお聞きしてきました。
ただし、私の本を読んでくれたすべての人が、人生を望み通りの方向へ導いているわけではありません。

本を読んで、成功する人もしない人もいる。当然と言えば当然です。しかし、読者の結果に差が生まれるのはしかたがない、とあきらめたくはありません。

著者として長い時間がたった今、私は「なぜ、この違いが生まれるのか」ということを、真剣に考える段階に入りました。

そして、ひとつの結論に至りました。そもそも、「成功や自己実現のためのベースとなる方法論に問題があるのではないか」ということです。

自己啓発書には、「大きな自分」を土台として、考え、行動する、というメッセージがあります。これが、みなの成功を妨《さまた》げている、と気づいたのです。

「自分の才能や能力を信じる」「成功した自分の姿を確信する」……、いきなり「自分ができる人間だ」と**自分を大きく認識して、進んでいこうというのは無理があります。**

潜在意識が働きにくい状況を自分でつくっていると言えるからです。私は、今回、潜在意識を最もシンプルに働かせる方法をお話ししていきます。

潜在意識をベースにお話しする理由は、私の経験を一般成功法則と決めつけてお話しすることを避けるためでもあります。潜在意識の効果と使い方に関しては、世界中に長年の蓄積と歴史があり、ここから導き出されたノウハウは、一個人の事例で成功法則を語ることを避け、再現性を高められると考えています。

手前味噌《てまえみそ》ですが、私は潜在意識の権威ジョセフ・マーフィー・トラストの世界初のグランドマスターなので、安心して話を聞いてください。

◉ムダなエネルギーを使わず、潜在意識を働かせる

潜在意識は、見えるものでもなく、つかみどころのないものだと感じることでしょう。私自身、潜在意識を学び始めるまではそうでした。しかし、世界的なプログラムを学び続け、今では潜在意識とはシンプルなものだと感じています。

潜在意識とは、**「エネルギー」**であり、**「知識の貯蔵庫」**です。

単純に、目標に向かうエネルギーが生まれれば、潜在意識は働いています。プラスの思考、行動ができれば、それは、潜在意識が働いている証明なのです。

このエネルギーには、他者の評価は関係ありません。世の中が決める高低、大小の

評価も関係ありません。たとえば、社会的には小さな行動でも、自分にとって価値のある行動なら、それは潜在意識を働かせます。

つまり、**〝やる〟か〝やらないか〟が、重要**なのです。

そして、どんな小さなことでも〝やった〟と認識することで、潜在意識はクセを持ちます。すると、自分自身が〝やる〟という選択をする習慣を持つようになります。

この小さなエネルギーの蓄積が、大きなエネルギーとなります。目標達成への思考と行動をやり続けると、当然、成功は近づくのです。

潜在意識のもうひとつの役割は、知識の貯蔵庫です。

学んだ知識やスキルは、潜在意識の中に蓄えられます。その知識とスキルを適宜《てきぎ》引っ張り出しながら、私たちはあらゆることを選択し、無意識に、動いています。

知識の貯蔵庫に、成功のための材料のみを入れれば、あなたの生きる世界は、成功の世界です。**何をやっても成功につながる**のです。

つまり、**「思考と行動を代表としたエネルギーを生み出す」「成功への知識をつめ込む」**、この2つができれば、潜在意識は働き、自己実現が現実味を帯びてくるのです。

そこで、役立つのが、「小さな自分」という戦略です。

小さな自分で潜在意識は働き大きな自分では潜在意識は働かない

潜在意識は、あなたがプラスのエネルギーを生み出しさえすれば働きます。

まず、大前提として、自分を大きく見積もることで、潜在意識は働きにくくなります。その理由は、自分に嘘をついているからです。

大成功した人でなければ、「自分は大きな人間である」と言ったところで、真実ではありません。「成功していなくても、大きな人間であると認識して生きることが大事だと考える」、こういう意見があることも知っています。

しかし、見えない才能や能力を頼りに、虚像を追って自分を大きく見積もってエネルギーがわくとは思えません。また、そこそこの実績があっても、それで大きな自分とは言えないでしょう。

成功者でさえ、自分は成功しているとはなかなか認識できないのが現実です。すべてのカテゴリーにおいて、上には上があるのです。

しかし、逆に、「自分を小さく」認識するというのは、簡単にできます。「まだできていないことがある」と思えばいいからです。これをポジティブに利用するのです。

自分はしょせんちっぽけな人間だ、と認識すると潜在意識のスイッチを入れやすくなります。思考と行動のレベルに左右されずに、ハードルを高く設定することなく動き出せ、エネルギーを生み出せるからです。

小さな自分は大きく思考できる 大きな自分は思考停止する

大きな自分は、現状の延長線上でものを考えます。実現したい姿があっても、それはあくまで理想でしかなく、現実では実現可能なことを達成しようと考えます。これでは、自分の心に素直ではないので、潜在意識が強く働きません。

小さな自分は、まだ何も手にしていないので、まっさらな状態で考えられます。自分の本当の欲をかなえるために、素直に大きなことを考えてエネルギーを生み出せます。

小さな自分はクヨクヨしない 大きな自分は感情を乱す

大きな自分は、できて当たり前、できなくてはいけない、予想通りにできるはずだ、という考え方をします。だから、問題が起こったり、予想の結果が得られなかったり、他者が期待に応えてくれないと心を乱します。

小さな自分は、はじめから自分ですべてをコントロールできると思っていません。いいことが起こっても、悪いことが起こっても、それはすべて想定内と考えます。だからこそ、マイナスの出来事があっても、その中から次への糧《かて》となるプラスの面を見つけ出すことができるのです。

小さな自分は行動する 大きな自分は行動しない

大きな自分は、自分をそこそこ、または平均以上だと認識しているので、社会的に価値があったり、他者が評価する行動以外のことをやる意味を感じられません。

小さな自分は、まだ何もやっていないからこそ、やることすべてが自己実現につながります。どんなに小さなことでも、それは自分にとっての成果になります。行動のハードルは下がり、自己実現へエネルギーを生み出していくことができます。

小さな自分は勉強する 大きな自分は勉強しない

潜在意識は、知識の貯蔵庫でもあります。そのため、自己実現の源となる知識やスキルを学ぶことは重要です。

大きな自分は、自分がそれなりのレベルの人間であると認識しているので、勉強する機会がとても少なくなります。また、価値基準が他者、社会からの見られ方になるので、自分に必要な勉強にも意味を感じることができにくくなります。

小さな自分は、必要な知識とスキルを見つけやすく、学ぶ機会が増えます。また、何を勉強しても、今よりは自分が成長しているという実感を得られます。

これらのことから、自分を小さくしたほうが、エネルギーを生み出しやすく、潜在意識を働かせやすいことがわかったと思います。

これから、自分を小さくし、自己実現を現実にする方法をご紹介していきます。

自己実現とは、当然ですが、「自分の得たいこと、もの」を得た状態です。理想の姿を実現した状態です。

自己実現は、長いスパンで先のことまで考えなくてもいい。小さな目標をひとつ実現できた、これでも自己実現です。

自己実現をするために、すべてのことを、潜在意識が働くように都合よく考えてください。何があっても、潜在意識が働くように物事を解釈しましょう。

本書では、自分を小さくする戦略を駆使《くし》し**「潜在意識をとことん使いこなす方法」「目標設定法」「影響力を強める魅力の高め方」「運の仕掛け方と回収法」「続ける技術、やめる技術」「知識とスキルの吸収法」**をご紹介します。

ぜひ、「小さな自分」という、誰にでもできるシンプルな方法で、しなやかに、したたかに、理想の人生を実現してください。

まずは気楽に、自分が元気になれば潜在意識が働いていると考えてみましょう。

潜在意識は、
「エネルギー」であり「知識の貯蔵庫」

一般的に、意識は顕在意識と潜在意識に分けられます。おおよそ、その割合は顕在意識4%、潜在意識96%と言われています。だからこそ、潜在意識を活用すれば、人生が変わるのです。

潜在意識とは、エネルギーです。

諸説ありますが、約138億年前、超高温・超高密度のエネルギーの集合体が爆発し、宇宙や地球やヒトを生み出しました。

最近の量子学では、物質は「エネルギーの移動」と考えることが主流になっています。

つまり、この宇宙の生きとし生けるものは、エネルギーが具現化したものであり、ヒトというのは「エネルギーが生命体として物質化した存在」と言えます。

生命体の本質はエネルギーなのです。ヒトの潜在意識には「無限の力」が宿っています。そして、人間のほぼすべてをコントロールする潜在意識もエネルギー以外の何物でもありません。

だからこそ、エネルギーを生み出せば、それは潜在意識を働かせていることなります。

また、潜在意識は、知識の貯蔵庫でもあります。

学んだことは潜在意識の中で折り重なり、自分でも思いもよらなかったひらめきやアイデアを引き出します。

願望を明確にし、知識やスキルを蓄えていくと、適宜、問題解決のための知恵を引き出してくれるのです。

だからこそ、達成したいことを明確にすることも大事になります。潜在意識は、獲得すべきことがわかっていれば、それをかなえる最良の知恵をあなたに与えてくれます。

成功する人だけが知っている「小さな自分」という戦略　目次

第1章

自分を知り、自分を小さくする

「潜在意識を働かせ、望みを達成する」シンプルな方法

第2章

思考のスケールが、自分の価値を決める

小さな自分だから達成できる！潜在意識が自動的に達成へ向かう「目標設定法」

第3章

小さな自分だから「自意識」を最高に高められる

成功する人の〝華《はな》〟と〝影響力〟のつくり方

第4章

運は仕掛ければ、回収できるもの

偶然に頼らず「理想の自分のプロフィール」をつくる

第5章

ムダな努力をやめる、これが習慣を定着させる

続けられる人の行動力、やめられる人の特徴

第６章

知識の貯蔵庫を大きくする

潜在意識が一直線に自己実現する勉強法

編集協力　森下裕士
本文DTP　佐藤千恵
素材提供：Hierarch, Oniks Astarit, Arelix /Shutterstock.com

第1章

自分を知り、自分を小さくする

「潜在意識を働かせ、望みを達成する」シンプルな方法

「小さな自分」という最強の戦略

「何も成し遂《と》げていない自分」
「社会的地位のない自分」
「知識と経験のない自分」
「期待されていない自分」

今のあなたは、こんなふうに「まだ何者にもなっていない自分」「まだ成功していない自分」を嘆《なげ》いてはいないでしょうか。

もし、そうだとしたら喜んでください。それこそが、**あなたの強力な武器**となるからです。

私は長く、潜在意識の力について伝え続けていますが、潜在意識の視点で見たとき、これはまぎれもない事実です。

とても興味深い話があります。経営の話ですが、小さな自分と潜在意識の話の参考になるので、少しおつき合いください。

ハウステンボスは、1992年に膨大《ぼうだい》な総工費をかけて開業されました。しかし、開業から18期連続で赤字となっていました。さらに、2度の実質的な破綻を経験しています。

そこで、旅行大手エイチ・アイ・エスの創業者である澤田秀雄《さわだひでお》氏が再建へ乗り出しました。すると、翌年には黒字化してしまったのです。

不振の原因は、オランダ村テーマパークという時代に合わないコンセプトと、長崎県佐世保市にあるという立地でした。

そこで、澤田氏は、ハウステンボスをテーマパークではなく、都市としてとらえ、観光ビジネス都市とし、復活させました。

ディズニーランドやユニバーサルスタジオといった大テーマパークと張り合わず、

都市として差別化を図ったのです。

これは、「小さな自分」という戦略としてとらえられるのではないか、と私は考えました。

経営の話だけではなく、個人の生き方にも活かすことができます。

他者と自分を比べず、自分のスケールを知る。そのうえで、できることを一から始め、独自の路線を歩む。そして、最後に理想の姿を実現する。

私たちもこれと同じような戦略をとることで、自己実現が可能になります。

自分の現状を知り、自分を小さな存在だと認識すると、潜在意識にスイッチを入れることができます。そして、潜在意識の力によって、自己実現が可能になるのです。

◉「小さな自分」で潜在意識を働かせる

自分を大きく見せること、大きくすることは大変です。

「できる自分」「成功している自分」「お金を持っている自分」「誰からも尊敬される自分」……。一朝一夕にそういう自分になることができるでしょうか?

たとえ瞬間的に「大きそう」に見せられたとしても、その自分を続けることはできるでしょうか。きっと無理です。

でも、自分を「小さくする」のはどうでしょう。

できそうではありませんか？　今日からでも、いえ、今これからすぐにでも。

自分をどんどん小さな存在にしていくと、多くのメリットがあります。

- 感情が乱れなくなり、心が折れない
- やる気と行動力が高まる
- 同調圧力に負けず、質の良い意見やアイデアが生まれる
- 学習意欲が高まる
- 運をつかみやすくなる
- 継続力が高まり、良い習慣が身につく

人生の成功を決めるのは「やり抜く力」です。

「大きな自分」をやり抜くのにはパワーが必要ですが、「自分を小さくする」をやり抜

くのは案外、簡単です。

そして、大きな自分では潜在意識が働きにくく、小さな自分は潜在意識を働かせやすいのです。

小さな自分を認識するということは、「自分を知る」「自分を認識する」ということです。自分本来の姿を知るということにほかなりません。

自分を知ると潜在意識は働き始めます。

心にブレーキがかかることなく、行動しやすくなる。すると、やり抜くということへのハードルが下がってきます。

ですから、大きな成功をつかむ可能性があるのです。

まずは、自分を小さくすることの大切さをお話ししていきます。「小さな自分こそ、高いエネルギーを持つ」と知ってください。

この章を読み終われば、「小さな自分」という戦略を使いこなせる体質になっているでしょう。

常に0ベースで始め、「1を足す」大切さ

では、自分を小さくするとは、どういうことなのでしょうか。それは、「自分を小さく見積もる」ということです。

才能、能力、経験など、自分にヒモ付いた情報のレベルを、平均的、または、平均よりは上だと安易に認識しないということです。

「そう考えたことなど一度もない」という人もいることでしょう。しかし、人は無意識に自分のことを高く評価しているものです。これに気づいていない人が多くいます。

「眠っている才能が何かあるはずだ」
「いいタイミングがあって、そのときに本気になってやればできるはずだ」
「社会人として、○年の経験があり、今までなんとかやれている」
「今後、努力すればいつか結果をつかめる」

こういったことを、無意識に思っているのです。

私はなにも、自分を卑下《ひげ》しようと言っているわけではありません。**まだ何も成し遂げていない自分、まだ何者でもない自分を認識し、それを自己実現のためにポジティブに使おう**と言いたいのです。

まだ開花していない才能、まだ高まっていない能力、知らないことが多くあることや、たいした結果をつかんでいない自分を認識すると、思考と行動の質が高まり、無限の可能性が広がっていきます。

常に０ベースの自分を意識してほしいのです。

目標に向かって白紙の状態で考え、行動すると、理想は現実のものとなります。

成功者は自分のことを過信しません。常に、自分を０の状態だと認識しています。常に初心者の気持ちで物事に向かっています。

０とは、全く何もまだ始まっていない状態。まっさらな状態で、スタート地点に立って、「ここから始めよう」という状態です。

０の状態から前に進むと決めた瞬間に、自己実現へのストーリーが進み出したことになります。

小さな一歩を踏み出すということは、実はとても大きなことです。
それだけで、「自分はやっている」という認識を持つことができ、自信が生まれるからです。0の自分に小さな一歩という1を足すことで、自己実現へのストーリーは進み出します。

小さいですが、1という数字をバカにしてはいけません。

人間の意識の96%を支配するといわれる潜在意識にとっても、1という数字は重要な意味を持ちます。どんな小さな一歩でも踏み出してしまえば、「自分はスタートを切っている」と認識するからです。

スタートを切ったということは、「手に入れられる状態に入った」と潜在意識は認識します。ここから随所《ずいしょ》で、潜在意識の仕組みについてもお話ししていきます。

知らず知らず、人は自分を大きくしてしまう

多くの場合、自分がいなくなっても、代わりとなる人がいます。あなたがいなくなっても、会社は回っていきます。社会も回っていきます。極端な話をすれば、あなたがいなくなっても地球に変化はありません。

あなたがいなくなっても、他人の日常に大きな影響を与えることはないのではないでしょうか。それは、あなただけではなく、私がいなくなっても同じことです。

私たちは、小さな存在なのです。みな、主観で生きていて、自分の人生の主役だから、そのことになかなか気づくことができません。

社会人となり、経験を積んでいくと、自分の小ささを忘れていきます。

意識的に自分は大きな存在だなどと思っていなくても、現実には人は自分のことを小さく見積もることができなくなっていくのです。

いい悪いは置いておいて、少し話を聞いてください。上司から、「何もわかってないな」「やる気あるのか」と言われたとします。

そんなときに、ムカッとすることがあるのではないでしょうか。これは、自分がプライドを持っていることにほかなりません。

バカにされた、自尊心を傷つけられた、と感じるから怒りがわくのです。そう感じるということは、自分を大きく見積もっている可能性があります。

そして、バカにされまい、ということばかりに目が行き、他人との比較や上司の目を気にするようになる……。

よっぽど性格の悪い上司から言われたのなら話は別ですが、上司は真剣にそう思って注意してきたのです。少なくとも、上司にはあなたのことがそう見えたのです。

もし、自分は小さな人間だと謙虚《けんきょ》な姿勢を持っているのなら、ここでは受け入れる姿勢を持つことができるはずです。

つまり、プライドを捨てられるわけです。恥もかける。くだらない見栄を気にすることより、手に入れるべきものを得ることを優先させられます。こういう人は、大きなスケールでものを考えられるのです。

私たちは、「自分がどんなスケールの人間なのか」を認識する機会があまりありません。

自分のスケールは、大きなショックがなければなかなか気づきにくいからです。

公立の小学校から進学校の中学に入学すると、初めのテストの順位がとても悪くなることがあります。今まではトップ集団にいたのに、順位が全体の半分以下になることがよくあります。こういったショックを受けると、自分の小ささを知ります。

社会人なら、自分の身近に圧倒的に優秀な仕事をする人がいなければ、自分の小ささに気づくことはできません。

高いレベルの環境に身を置いたり、大きな挫折《ざせつ》を味わったことがある人以外は、なかなか自分の小ささを知ることができないのです。多くの人は、平均的な人が集まる集団、ギャップのない世界の中で生きているのです。

なんとなく日常を過ごすことができているので、自分が小さな存在だという認識が持てません。「高くはないが、そこそこのレベルの人間ではある」と思っています。

また、ここまで、人と比べての優劣で、自分の小ささを知る話をしてきましたが、実はこの自己認識法はあまりよくありません。

他者との比較で自己認識をすると、たいていの人は、劣等感を心の中に芽生えさせます。自己肯定感を下げてしまうので、それがパフォーマンスにも影響を与えます。心に傷を負いますし、立ち直るのにも時間がかかります。ますます他人との比較が気になるようになり、考えも小さくまとまってしまいます。

そこで私は、**未来の自分と現在の自分とを比較**して、今の自分の小ささを自覚することをおすすめします。

理想の自分と現状の自分を比べることで、自分の小ささを認識することができます。自分と自分を比べるのなら、嫉妬心も劣等感も生まれず、自分を卑下することもありません。

また、「理想の自分になるには、どうすればいいのか」ということも考え始めるので、前向きな姿勢になれるのです。

手っ取り早く自分を小さくするには？

人はなかなか自分を小さく見積もれないものです。自分を肯定したいという気持ちがあるのが人間だからです。自分を否定する必要はありませんが、間違った自己認識は潜在意識の働きを妨《さまた》げます。

自分は「まだ何も成し遂げていない」と、小さな自分を認識できる人は問題ありません。しかし、先にも少し触れましたが、注意が必要な人は次のような人々です。

平均以上の人間だと自分を認識している人。これは、学歴、収入、成績などすべてにおいて、そう考えている人です。

社会人として数年を過ごしてきた人。なんとなくやれている、という感覚は、知らず知らずのうちに自分を大きくしてしまっています。

可もなく不可もなく生活できている人。理想的ではないけれど、そんなに不満もない生活を送っている人です。

これらの人は、自分を小さくする機会がとても少ないものです。

自己実現をしたいのなら、0ベースの自分になることが大切だと述べました。まっさらな状態で第一歩を踏み出すほうが、大きなエネルギーが生まれ、潜在意識が働くからです。

手っ取り早く、自分を小さくする方法をご紹介します。それは、**0か100かと考えるということです。**達成しているか、達成していないか、と考えればいいのです。

自分は小さいか大きいか、二者択一で考えるのです。

理想の自分は実現できているか？

自分が本当に欲しい仕事の結果は得られているか？

収入に満足しているか？

最高のライフスタイルを送れているか？

……このように考えてみると、自分を大きく見誤ってしまうことはありません。まだ実現されていない理想の自分を認識すると、小さな自分という戦略を駆使《くし》し、潜在意識を味方にしながら自己実現することができます。

不足の認識が学びの動機を生む

何も成し遂げていない、何もやれていないことに気づく。これは、一見マイナスのようですが、私は成功の条件だと考えています。

自分の将来像を思い描いたときに、この状況はおかしいと感じること。

潜在意識は、イメージした自分と現在の自分のギャップを埋めるように働きます。理想をイメージしただけでは働きません。現状との差を認識させることが重要なのです。

なぜ、自分が欲しているものを現状では得られていないのだろうか、その理由に注目しなければ、人は動き出せません。

自分の能力を高めなければならない、生き方を修正しなければならない、と感じたときに潜在意識は働き始めます。

「一番欲しいものを想像してください。そして、今の自分で手に入れられるか」と考えてみましょう、とよく講演でお話しします。

もし、手に入れられなさそうなら、手に入れるように動き出すのが人間です。

まだ、何も成し遂げていない、ということを認識しましょう。頑張る原動力は現状への認識なのです。

欲しい結果が得られていない、という認識こそ、**自分の不足を補う学習をする動機**となります。

「自分はなぜ望みをかなえられていないのか」、こう考えて、何を得なければならないのかが明確になったときに、人は勉強を始めるのです。

脳は、勉強という不自然極まりないことをするのを苦手としています。だからこそ、自分に不足している知識やスキルを認識し、どうしても手にしたいと思えるような仕掛けが必要です。

そのときに、小さな自分を認識していなければ、学習の動機は生まれません。潜在意識は欲しいと思ったものしか獲得しないからです。

世界チャンピオンの潜在意識とは？

先日、私は、元ボクシング世界チャンピオンに話を聞く機会がありました。驚くことに、その方は、一度もリングの上で倒れたことがないのだそうです。

一度でも倒れると、もしかしたら、同じような状況に陥《おちい》ったときに「倒れてもいい」という認識が生まれるから、絶対に倒れなかったとおっしゃっていました。倒れてもいいという認識があれば、意識を失いやすくなると考えていたのです。

その方は、倒れるという認識を自分の中に持っていないので、アゴが砕けたときも試合を続けたそうです。レフリーストップで負けたことはあっても、気を失って負けたことはありません。「倒れる」という認識を、自分の中に持っていないからです。

世界のトップを獲《と》るような人も、このように、**潜在意識に悪い認識を持たせないように気をつけていた**のです。

潜在意識にプラスの認識をさせることの大切さを、あらためて感じました。人は潜在意識に動かされているので、その意識にマイナスの認識をさせないことが大切です。

先にも少し触れましたが、意識には、「潜在意識」と「顕在意識」があります。諸説ありますが、その割合は潜在意識96％、顕在意識４％と言われています。

人の行動の大半は潜在意識でコントロールされており、そのため、潜在意識を働かせれば、あなたの人生は変わります。

「自分はダメだ」と認識すると、その後、ダメな行動を選択してしまうのが潜在意識です。そうなると、「しかたがない」と、あきらめる自分が出来上がってしまいます。

誤解してほしくないのは、**「小さな自分」＝「ダメな自分」ではない**ということです。小さな自分を知ると、人は行動を起こしやすくなり、潜在意識に「やる自分」を認識させやすくなります。ダメな自分とは、行動できない自分のことです。

潜在意識がダメな自分を認識すると、人は不安、恐怖を心に刻み込みます。不安と恐怖が潜在意識の中にある人は、何かを始めようとしても、ネガティブなイメージしかできなくなってしまうのです。

リスク回避しか考えられなくなるので、うまくいかないことはやめておこう、と考えてしまうようになります。

だから、うまくいかないことがあったとしても、プラスの認識を持つようにしてほしいのです。いわゆる失敗をしたとしても、「○○を修正すれば新たな挑戦ができるな」と考えるようにします。

こうすると、自分はダメだという認識ではなく、挑戦できるという認識を持てるようになります。

うまくいかないことがあったときに、行動できない認識を持たないことが大切です。これが、すぐ行動できる人できない人、成功できる人できない人の差を生みます。

難しく考えないでください。要は、何があっても、物事に対して「自分が元気になる」都合の良いとらえ方をすればいいのです。

◉常に「行動する自分」を刻み込む

マイナスの中からプラスを見つけて認識する、こうすることで潜在意識はダメな行動を選択しなくなります。自分のことをダメ人間だと認識することもなくなります。

常に、「行動する自分」を潜在意識に刻み込むのです。

私には、フェイスブックに投稿をしないという選択はありません。ブログでの情報発信から始めましたが、10年以上投稿を続けています。

海外にいても、親が亡くなって悲しみに打ちひしがれていても投稿しました。たまに休んだり、たまに投稿するということでは、潜在意識はやらない選択をするようになるからです。

やる認識を積み重ねる、これが行動力を高め、習慣を定着させるのです。

小さな自分を認識し、短い時間であっても小さなことをするだけで、行動力と習慣化が同時に手にできます。

「いつか」という〝あいまいさ〟は潜在意識の大敵！

「まだ自分は本気を出していない」「本気を出せば、自分はできる」

心の底でこう考えている人は案外多くいます。こういう人は、自分を大きく見積もっていると言えます。

わかりやすい例でいうと、学生時代にコツコツ勉強せず、一夜漬けをした経験がないでしょうか。これは、「自分なら本気を出せば1日でどうにかできる」と心の底で思っているのです。

一夜漬けはヤマが当たれば効果を発揮しますが、それ以外の場合は、なかなか得点することが難しいものです。学んだ部分を網羅的《もうらてき》に出題してくるテストではなかなか結果が出せません。

また、テストは1日に複数の教科が行なわれることが多いので、一夜漬けが功を奏しても1教科のみである場合がほとんどです。

一夜漬けで頑張るつもりだったけれど、精神的に追いつめられて勉強に身が入らず、何の準備もなく、ぶっつけ本番でテストに向かってしまうこともあります。

当然、良い結果は出ないので、自分はダメ人間だと、自己イメージを下げることになります。社会人になっても、同じようなことは起こります。

「いつかは本気でやる」これは心を楽にできますが、なんの意味もない言葉です。

「いつか本気になれば私は成し遂げる」、これは本気を出したことがない人が使う言葉。

「いつか本気を出す」という人は、「今、本気を出す」ということを絶対にしません。

「いつか」は、永遠にこないのです。

「いつか」という時間感覚を持つと、潜在意識は働きません。「いつか」とは、あいまいな時間感覚です。潜在意識は、あいまいなことに反応できません。達成の期限を自分なりに決め、小さな行動を始めましょう。潜在意識は、見えているものを得ようと働きます。

潜在意識を働かせるためにも、「今」からやりましょう。

才能や能力に頼ると人は弱い

私のボクシングトレーニングを担当するトレーナー（元柔道家でPRIDEで活躍した大山俊護《おおやましゅんご》さん）からお聞きした話ですが、「小さな頃に才能があった人」や「あの人は強いな」と思っていた人ほど、格闘技の世界で生き残ることは稀《まれ》なのだそうです。いきなりそこそこできる人、生まれ持ったセンスや能力を持つ人は、上位にランクインすることが少ないのだそうです。

これは、自分を大きく見積もってしまうことの弊害《へいがい》だと私は考えます。**他人と比べて、自分が他人よりできるかもと思ってしまうと、挫折しやすくなる**のです。

才能や能力のある人は、大きな結果を出したと他人が評価しなければ、自分の存在価値を高められなくなっていくからです。潜在意識が間違って認識してしまうのが原因です。

少々の結果では、「自分はやれていない」と認識してしまうのです。

たとえば、もともと成績のいい営業パーソンなら、新規顧客とつながりができても満足できません。「新規顧客から大きな売り上げを得た」でしか満足できないのです。その顧客とつながったことにも価値があるのに、他者が認める結果が出なければダメだと思ってしまうのです。つまり、自分にとって大事な行動をしたのに、「自分はやれていない」と潜在意識が認識してしまうのです。

才能や能力よりも、コツコツ練習を続けることこそが、成果につながります。

生き残れるのは、天才でも、うまい人でも、器用な人でもありません。コツコツとやり続けて、自分の力を磨き続ける人です。残った人が、勝者になる。それはスポーツでも、ビジネスの世界でも、私は同じだと考えます。

独自路線で〝残る〟ことであなたの価値は高まる

私はもともと歯科医として優れた能力や才能があったわけではありません。だからこそ、世界中のセミナーに参加し、必要な知識の勉強や技術、手術のトレーニングをとにかく続けましたし、海外の最先端技術を学ぶことに力を注ぎました。

同時に、歯科医として理想の姿を実現するための成功の勉強も続けました。お金で価値は測れないかもしれませんが、自己投資の金額は1億円以上です。

そうして継続して価値あることを続けたら、独自の道を切り開くことができました。ライバルとなるような人もいなくなっていました。独自性は価値になります。

それが、歯科医と講演家としての**今の自分を形づくった**のだと思います。

もし、私がもともと歯科医として圧倒的な才能を持っていたら、あらゆる結果に満足できず、息切れしていたことでしょう。自分を大きく見積もらず小さく認識して、コツコツ続けたことで私は生き残ったのです。

いかに情熱と目的を見失わずに進み続けるかが、成功の秘訣です。

自分は小さな人間であると認識し、小さな挑戦をする。やったことに小さな幸せを感じる。才能と能力より大事なものがある。

たとえ目に見えるような結果が出なかったとしても、小さな成長はできたと思えるような状況をつくることが大切です。**優秀な人が大きな結果を出すことも、凡人が小さなことをしても、潜在意識は「やったという認識」を持つことに違いはありません。**

小さな結果、大きな結果というのは、他人が勝手に決めたことです。他人から見て小さな結果でも、自分の中で大事な結果なら意味があるのです。

才能、能力に頼るのではなく、コツコツ自分のやるべきことを続けましょう。そうすることで、あなたにしかない独自の価値を持つことができます。

この位置からスタートすれば〝クヨクヨ〟も〝挫折〟もなくなる

「小さな自分」はクヨクヨしたりしません。

なぜなら、スタート時のレベルが低いので、小さなことでも「これができた」「あれができた」と成功体験が積み重なるので、自然と自分はやれる人間であるという認識が出来上がるからです。

小さな自分は、いわゆる失敗をしたとしても、行動したことに喜びを感じることができます。

ちょっとうまくいかなかったからといって、クヨクヨすることはありません。

何か問題が起こったとしても、何者でもない自分が行動を起こしたのだから、うまくいかないこともあって当然、たいしたことではない、次への糧だと思えるようになります。

0点の自分が小さな行動をして、1点を取っていくことで、潜在意識は「自分は自己実現できる」と認識するようになります。

このように、潜在意識のレベルで「できる自分」がつくられると、結果として会社や社会で意味を持つ成果、他者からも評価される成果を出せるようになるのです。

順番を間違えてはいけません。

他人の評価を得るために行動するのではなく、小さくても自分にとって意味のある行動を繰り返すことです。これを繰り返すことで、自己実現ができ、それに付随《ふずい》して他者や社会からの評価も得られてしまうのです。

エリートの人ほど挫折しやすい、と言われますが、それは当然です。ある程度の結果を出しても満足できず、できない自分を認識してしまうからです。

小さな自分を認識すると、どんな状況、出来事に対しても強くなれます。何があっても、それは自分の成長への糧になると考えられるからです。小さな自分を知れば、クヨクヨしたり、挫折感を味わう、ということはなくなるのです。

他人と比べなくていいから、小さな自分は無敵！

嫉妬《しっと》は、他者と自分を比較するときに生まれます。

多くの人が嫉妬で、ムダなことにエネルギーを使い、自分を消耗させてしまいます。

たしかに、人との比較から生まれる嫉妬心をエネルギーに変えられる人もいます。

くやしさをエネルギーに変えるということです。

しかし、人と比較して頑張れることとは、実は、自分の手の届く範囲レベルの結果です。

あなたは、現状ではつかめない、理想の姿を手にしたいはずです。

「うらやましいな」「あの人は運がいいな」「自分もあの人が出した結果が欲しかった」

こういう考え方をしてしまうと、潜在意識はプラスに働かなくなってしまいます。

他人の人生をそのまま自分も送りたいと言っているようなものだからです。本当に実現したい人生を歩まなければ、潜在意識は常に違和感を抱えながら働き続けることになります。

「本当はあのゴールに行きたいのに、違うほうに行っているな」

あっちを目指しているけれど、こっちにも行かなければならない、となると潜在意識のエネルギーは分散されます。一点突破できなくなるからです。

「人は人、自分は自分」、こういう軸が自分の中にあれば、人と比較しても意味がないとわかります。あなたは現状と自分の目標の差を埋める作業だけをすればいいのです。エネルギーを集中させ、たんたんとやる人が一番強いのです。

潜在意識が目標達成へ一直線に向かえるように、自分自身の独自のゴールを設定しましょう。他者と比べて頑張ろうとすると、潜在意識の働きは弱まってしまうのです。

人と自分を比較することで、嫉妬の感情が生まれます。**人をうらやむということは、「自分は負けた人間である」と潜在意識に刻み込まれるということです。**

繰り返しますが、人と自分を比較することで、自分が本来進みたい方向へ向かえなくなります。比較対象者の人生を歩みたいと言っているようなものだからです。

潜在意識は、自分の望みをかなえようと働きます。他人の望みをかなえる仕組みは持っていないのです。

勝ち負けで人の価値は決まらないが、勝たなければ人生は立ち行かない

他者と比べて負けたと感じる「負けグセ」がついている人は、やはり弱いと私は思います。逆に、負けた経験がない人は、大きなエネルギーを持つことができます。自分の立ち位置が人生には大きく影響します。勝者のポジションを取ることは重要です。

潜在意識が、負けるという認識を持たない人は、当然、負けグセがつきません。負けるという認識を持たないことは、自分を大きく見積もることにはなりません。負けないために、ものを考えたり、行動することは、小さな自分という生き方です。

私は中学生になって初めての卓球の試合で地区優勝しました。そして、私は調子に乗りました。自分の能力を高く見積もり、練習をさぼるようになったのです。

当然ですが、試合に負けるようになりました。試合に負けると審判をやることになります。トップ選手が試合をしている中、その審判をしている自分。無気力になった

のを覚えています。そのときに感じたのは、負けるとは、こんなに呆然《ぼうぜん》とする状況に追い込まれるのだ、ということです。

それでも私は練習に手を抜く日々を過ごしました。優勝はできませんが、そこそこ勝てていたからです。次第に、初めに負けたときのような悔しさを感じなくなっていきました。人は負けることに慣れるのです。

すべてを勝ち負けで考えることが、正しいとは思いません。しかし、勝ちを重ねなければ、人生は立ち行かなくなります。**負けグセは怖いと、今でも思います。**

人は勝とうと思わないと、そこそこのレベルで収まりよく生きていくようになります。負けてもいい環境に、うまく溶け込んでいくのです。

練習をさぼるようになったのは、地区優勝以上の未来のイメージができていなかったからです。だから、他者とのレベルの差に悩み、やる気を失っていきました。

自分の本心と対話し、「〇〇という強みを持つ独自のプレイスタイルを確立する」など目標を定めていれば、練習に打ち込むことができていたはずです。

だからこそ、自分を小さくして、未来の自分をつくることに集中するのです。他者ではなく、未来の自分自身をライバルにすることが理想です。

無意味なプライドを捨てると、助けてもらえる

以前、私の後輩が臨床研修医として病院に勤務したときの話です。勤務して早々、周りの人に、担当指導医Aさんの指導はきついでしょうと言われたそうです。実際に、研修医にきつく当たると評判の先生でした。

「なんでこんなことができないの？」

「なんでこんなことも知らないの？」

Aさんは、こういった具合に、研修医に接するのです。

みな言われた言葉に反応して、気分を害していました。

しかしこれは、新人だから、丁寧《ていねい》に扱われなければならないと思っている部分があります。一から十まで親身になって詳しく教えてもらって当たり前。

ここでも、自分を大きく見積もっているのです。

その前に、自分が何も知らず、経験がなく、教えてもらう立場だということに気づけていません。だから、言われたことに感じ悪く対応し、相手がカチンときてしまうのです。関係はどんどん悪くなります。

最終的には、「じゃあ好きにやってみなさいよ」とさじを投げられるのです。

私の知り合いは、何日か勤務した時点で、方針を変えたと言っていました。

「私はまだモノを知らない」と、自分を小さく見積もったのです。

「何もわかりません！　すいません！」

この姿勢で接するようにしたと言います。

そして、何も知らないと割り切って、どんどん積極的に行動していったのです。

すると変化が起こりました。Aさんが「しかたないな、教えてあげるよ」と助けてくれるようになったのです。

Aさんは、私の知り合いが「自分の言うことを受け止めるようになった」と感じたのでしょう。

これは、とてもうまい方法です。

自分はできるという雰囲気を出して、言っていることを受け入れないから、どんどん相手は不機嫌になるのです。

「すいません、わからなくて！」

「次は失敗しないようにします！」

この姿勢でいればいいのです。逆に言えば、この姿勢以外にないのですから、何と思われようとこれでいいのです。

「知りません、すいません」、こうすると相手も自分も怒りが収まります。

知らないから教えてもらう、次はうまくこなす、これができればいいのです。

その人は、最終的にはできていないことも、先生がカバーして結果を出せるようにしてくれるようになったそうです。

根拠のないプライドなど、捨ててしまっている人ほどかわいいのです。プライドを持っていることより、プライドをつくっていく意識を持つことです。

はじめはプライドはいらない。受け入れることが大事なのです。

同調圧力に負けないために無関心になる

同調圧力に屈する弊害《へいがい》に、アイデアが出なくなる、能力内でできることしかしなくなるということがあります。

しかし、自分を小さくしていれば、同調圧力にも負けなくなります。

ポジションが大事、プライドを傷つけられたくない、と感じると、失うという感覚がつきまとい、思い切った言動ができなくなるものです。

何も失うものがない、まだ持っていないという感覚があれば、得るために率直に発言したり、ものを考えたり、行動ができます。

言ってもどうせ採用されないだろう。リスクを負って発言して、自分の身を危険にする必要はないだろう。こう考えるようになれば成長はありません。

同調圧力に負けると、その場にただ存在していればいいという考えになります。次につながりません。

世の中は同調圧力で成り立っています。それに屈することに慣れてしまうと、より良くしようではなく、ひっそり存在しておこうとなるのです。

面従腹背《めんじゅうふくはい》。上が言うことを一応は聞いているけれど、心の中では「この人はバカじゃないのか」と思っていることはよくあります。

自分では調和を取っていると思っているのかもしれませんが、自己実現からは遠ざかっています。

目標を持っていても、同調圧力の中で存在しているだけでは、間違ったことを言う声の大きな人についていくことになりかねません。

人は基本的に、自分のことしか考えていません。一見、すごく感じが良い人でも、自分のことしか考えていないことが多いのです。

同調圧力の中にいると、**こなすことだけ考えて、何をするべきか、何を学ぶべきか、を忘れてしまいます。**

同調圧力に負けず、思い切って行動するためにも、自分を小さくしてください。

ただ、「思い切りやろう」と言ってもなかなか難しいかもしれません。

そこで、同調圧力に負けないための心構えがあるので、参考にしてみてください。

まず、同調圧力に負けずに行動し、**否定されたとしても落ち込まない**ことです。表立って賛同してくれなくても、心の中で賛同してくれている人がいる可能性は高いからです。

そして、人は忘れやすいものです。**あなたの行動をいちいち覚えていません**。

だから、賛同を得られなくても、また思い切って行動していいのです。

最後に、大前提として、**自分が共感できないことには、無関心でいい**ということです。

たったひとつ、自分の大切なものが守れれば、それ以外は無関心でいいのです。

極論すると、大切なものを守るためなら、嫌われても、仕事を失ってもいいのです。

新天地を求めればいいだけです。

同調圧力に屈しない習慣をつけると、「あの人はそういう人だ」というキャラ設定も出来上がります。

そうすると、同調しなくてもいい雰囲気を身にまとうことになるので、人生はもっとラクになります。

期待されていないからパフォーマンスが上がる

コツコツとやるべきことをやり続け、気がつけばみなが期待する人物になっていた。これは、理想的です。

しかし、「誰にも期待されていない自分」を認識することも、とても大切です。

期待されていると意識すると、自分のやりたいことより、人からの要求を達成しようとしてしまいます。

「応援してくれてありがとう」といった感謝の感情が生まれれば、それは潜在意識にとってプラスになります。しかし、「なんで自分が?」「面倒だな」という感情が生まれると、潜在意識にとってはマイナスとなります。

人からの要求というのは、そもそも自分がやりたいことではないことが多いので、潜在意識が心にブレーキをかけがちです。

だからこそ、**他人から要求されることよりも、自分の内側から生まれている欲求のほうを大事にするべき**だと私は考えています。

また、期待されていないから、プレッシャーなく行動できます。そして、期待されていないからこそ、結果を出したときに大きなインパクトを与えることもできるのです。小さな自分でコツコツ頑張っていると、積み重なった結果が信頼に変わり、認められるようになります。

私は、スタッフにはあえて期待しないようにしています。それよりも、できたことを見つけることに注意を注ぎます。できたことを見て、気づいたことをほめます。ほめることで、喜びの感覚を持ってもらう。自分はできるんだという感覚を持ってもらうことが大事だからです。

期待されていない自分を認識すると、リラックスした状態で物事に向かうことができます。高いパフォーマンスが発揮されるためにも、リラックス状態は必要不可欠です。期待されていない自分で行動を積み重ね、気づいたら期待されている自分になっていたというのが理想なのは、こういう理由からです。

相反する2つの概念を持つ人は、常に自分の価値を高める

成功者の特徴に、二面性があります。

「エレガントで貪欲《どんよく》」「早くて丁寧」

このような、2つの概念を持ち合わせているのです。

私自身、歯科医としての価値を高めるために、著者、講演家という顔も持つように意識しています。

平坦《へいたん》な道では、両手に持つ荷物の大きさや重さのバランスが悪くても歩いて行けます。

しかし、綱渡りをするときには、左右の重さのバランスを取ることが大切になります。

困難な状況のときほど、相反するものを持つことが必要です。

相反する価値観を持ちながら生きていると、ピンチのときでも平時でも光り輝くことができます。

調子がいいときは「慎重に」という考え方をするとより盤石《ばんじゃく》な人生を築けますし、困難なときには「次への糧にしよう」ととらえると、これも盤石な人生を築くことになります。

すべての物事には、プラスとマイナスの面があります。そして、プラスの中にもマイナスがあり、マイナスの中にもプラスがあるのです。

仕事で望み通りの結果が出せたとしても、仕事をしすぎて体に悪い生活をしているということがあります。

仕事で望み通りの結果が出せなかったというマイナスの出来事でも、作業やアイデアについて修正する部分を見つけられる、というプラスの面があります。

相反する価値観を持つことで、マイナスの中のプラスを見つけ、対応していくことができるのです。

プラスのことが起こると「やったー！」と有頂天になりますが、マイナスの面も見ておかないと足をすくわれます。マイナスの面を見ることで、地に足を着けて盤石な人生を歩めるのです。

プラスの中からマイナスを見つけ、マイナスに対応する準備をする。マイナスの中からプラスを見つけて、次に生かす。これができる人は、常に前進し続けることができます。

だからこそ、相反する価値観を自分の中に持っておいてほしいのです。そうすると、どんな困難があっても乗り越えていくことができます。

自分が小さな人間であると知るからこそ、困難な状況を乗り切れる人間になろうと思えるものです。

自分を過信していれば、二面性を持ち、乗り切るという思考にはなりません。

多くの場合、自分の仕事の専門性ばかりを極めようとします。しかし、それではなかなか自分の価値を高めることはできません。みな同じようなことをするからです。

時どき私は、「なぜ、本を書くの？　なぜ、講演会をするの？」と言われることがあります。歯科医だけに集中したほうがいいというアドバイスです。

しかし、自分の価値を高め、どんな状況でも乗り切るには、二面性を持つことが大切なのです。

「小さな自分」という戦略を持ち、しなやかに、したたかに、自分の価値を高めていきましょう。

◈自分を小さくすることへ抵抗がある人へ

「まだ、何者でもない自分」「まだ、何も成し遂げていない自分」を自覚し、小さな自分で考え、行動することは、潜在意識を働かせ、目標達成に役立つとお話ししてきました。

しかし、ここでこういう心配をされる人がいらっしゃいます。それは、自分を小さくすると「人から、バカだと思われるのではないか」「ダメ人間だとレッテルを貼られるのではないか」という考えが浮かび、心理的にブレーキがかかるということです。

こういったときには、どうすればいいのでしょうか。

大前提として、私は「自分を小さく〝感じる〟」ことを重要視しています。なにも他人に「自分はまだまだの人間です」と宣言する必要はありません。小ささは、自分さえ感じておけばいいので、基本的には他人にどうこう言われることはありません。

それでも不安な人は、こう考えてください。

結局、人生は、あなたの感情次第で成功かどうかが決まります。

最後に、自己実現できれば満足し、それができなければ後悔します。私は、ここでしたたかに考えてほしいと思います。

心が喜べば勝ち、心が悲しめば負け。

仕事で結果を出して心が喜べば勝ち、結果が出ずに悲しめば負け。

column

お金が手に入れば心が喜ぶから勝ち、手に入らなければ心が悲しむから負け。

あえて、シンプルにこう考えてください。

人は感情の生き物でもあるので、心が喜ぶのなら、他人からバカにされようが、かまわないのです。最後に勝つのは、小さな自分として行動し、成長したあなただからです。

あなたは他人のために生きているのではありません。自分にとって価値のある人生を送るために生きているのです。


本章でご紹介したように、小さな自分という戦略をとると、

▼感情が乱れなくなり、心が折れない
▼やる気と行動力が高まる
▼同調圧力に負けず、質の良い意見やアイデアが生まれる
▼学習意欲が高まる
▼運をつかみやすくなる
▼継続力が高まり、良い習慣が身につく

というメリットがあります。

あなたは、たんたんと「小さな自分」という戦略を使い、目標と現実のギャップを埋めていきましょう。

第2章

思考のスケールが、自分の価値を決める

小さな自分だから達成できる！潜在意識が自動的に達成へ向かう「目標設定法」

それは偽物の理想ではないか？

誰にでも、「こうなりたい」という理想の姿があります。

行動も習慣も、その姿を実現するためのものでなければ意味がありません。この章では、この「どんな姿を実現するのか」ということを明確にしていきたいと思います。

理想の姿が定まれば、あとは自分の現状を知り、ギャップを埋める作業を行なっていけばいいのです。

しかし、この理想の姿をイメージするにはコツがあります。この章では、自分の未来のゴールを設定する方法をご紹介していきます。

まず私が言いたいことは、**自分の理想の姿は思い切り大きなものにしてほしい**ということです。

現状の自分では絶対に手にできない理想の姿を設定してください。

小さな自分を認識し、大きな自分を目指すことが自己実現の秘訣です。

現状で、あなたが考える達成したい姿は、自分の本当の欲求をかなえることにつながらない可能性が高いと言えます。

現状の自分の延長線上にある理想の姿は、能力やお金、環境の制限の影響を受けるので、本物の理想ではないからです。

ここで一度、あなたの理想の姿をつくり直していきましょう。

誰もがそうなのですが、自分の目標を小さくしています。本当に達成したいわけではない姿を追い求めているのです。思考のスケールが自分の価値を決めます。

心の底から本当に実現したい、理想の姿をイメージしていきましょう。「現状では達成が難しいかもしれない」姿を理想としてください。

せっかく時間と労力をかけ、エネルギーを注ぐのなら、本当の欲求をかなえなければもったいない。

人と比較して理想のイメージをつくってはいけません。それが、かなうか、かなわないかも考えなくていいので、自分の欲求を解放してください。

これくらいの目標でいいかな、という程度の考えで妥協したら、やり抜くことはできません。必ずどこかで息切れしてしまいます。

潜在意識は、本当にかなえたいことに対してしか、エネルギーを生み出さないからです。本当はこれが欲しいけれど、とりあえずこれで我慢《がまん》するか、というのは、潜在意識にはマイナスです。

◉「より強い力でボールを投げる」状況をつくる

強い欲求を駆り立てなければ、人は本気にはなれないものです。

「理想はもっと高いけれど、達成可能な目標にしよう」「ないよりはあったほうがいい目標」という程度のものでは、やる気も行動も続きません。

とにかく、究極の自分の姿をイメージしてください。

初めのうちは、どうも到達できそうにない、と感じてイメージが広がらないかもしれません。しかし、あきらめず、本当に自分が求めている目標を用意してください。

そのイメージこそ、達成への大きなエネルギーを生みます。

経営者は、「今期はこの目標を目指そう」という指針を決めます。多くの場合、過去

3年間の成果を見て、そこから考えてこのくらいの目標にしようと決めます。

しかし、過去を参考に考える目標では、状況も、人も変化しているので、うまくいかないものです。

成功する企業は、「自分たちが達成したいのはどんな目標なのか」とイメージして、それに対して売り上げをつくる計画を立てます。

こちらの方法のほうが、目標達成ができるものです。

事業計画からも言えることですが、過去から考えて目標を立てるのではなく、未来に対して自分がしたいことを基に計画を立てると、人は達成してしまうものなのです。

過去にしばられると潜在意識のエネルギーレベルも高まりません。**過去をベースにした目標は、現状のエネルギーレベルで達成できる可能性がある**からです。

しかし、今を0レベルのエネルギーと考え、未来の大きな目標を見定めると、大きなエネルギーが必要だと潜在意識が認識します。そして、それを生み出そうとします。

より遠くにボールを投げるためには、より大きな力を使うのが人間です。潜在意識も同じなのです。

理想の未来を実現するために、戦略、戦術を組み立てていくほうが現実的なのです。

なぜ、思考のスケールを大きくできないのか？

思考のスケールが、あなたの価値を決めます。なぜなら、人は想像以上の自分になることが難しいからです。

多くの人が、理想のイメージを限界まで大きくしたことがないので、小さなスケールのイメージしかできません。

たとえば、「最先端のサービスを行なうホテルに月1回宿泊して疲れを癒《い》やす」という理想の姿があっても、そのホテルをイメージできないのです。

このとき、多くの人は、自分が知っているホテルの中で最上の所をイメージしてしまいます。

たしかに、一流の最高レベルのホテルは有名なので、今知っているホテルは実際に最上の所なのかもしれません。しかし、それでも、私は今のイメージにないホテルを探すべきだと思います。**今すでに知っていることが問題**だからです。

潜在意識は、新しいものを得るときにこそ、想像を超えた大きなエネルギーを生み出すからです。すでに知っているものを得るためには、現状プラスアルファのエネルギーしか生み出しません。現状とあまり変わらないエネルギーで進んでしまうと、実は今の自分の最上とするものすら実現できなくなる可能性が高いのです。

理想以下のイメージをすると、潜在意識は「理想のホテルに泊まれなくてもいい」と認識します。次の段階では、ホテルに泊まらなくてもいい理由を探し始めます。「お金もないし、リーズナブルで行きやすい場所でいいか」と考えるようになるのです。

こういった、ネガティブな思考は一切入らないようにしなければなりません。逆に、高い理想をイメージすることで、創造的な発想が生まれ、質のいい行動ができるようになります。

私は、直接アドバイスできる人には、思考のスケールを思い切り大きくしてあげるようにしています。

単純に言うと、本心でポルシェが欲しいのなら、そう決めることで、はじめて人はポルシェを買う方法を創造的に考え始めるからです。

私のコーチングを受けているBさんは、ポルシェに乗りたがっていて、試乗会へ行き、実際に試乗しました。結果として、ポルシェを自分のものとしました。

また、Cさんは大手人材派遣会社に勤務されていますが、インドネシアで生活したい、と考えていました。

それなら、インドネシア支社をつくってもらおうと考えてプレゼンし、支社設立のステップとして、来年ジャカルタへ行くことになり、夢に近づいています。本当に欲しいものは、なんとしても得ようと潜在意識は動いてくれるのです。

現状の延長線上にある姿をイメージすると、エネルギーが生まれません。もし、今の自分のレベルに合わせて目標を設定すると、思考のスケールは小さくなってしまいます。

思考のスケールを大きくするためにも必要なことが、自分を小さくして考えることです。この理想の姿を実現するためにも、「自分はその姿になるために、まだ何も成し遂げていない」と思える姿がベストだからです。

そして、理想の姿は、小さな自分でなければ設定できません。まだ何者でもないから、思考にブレーキをかけずに夢想することができるのです。

理想を明確にする「ミッション」「ビジョン」「目標」の設定法

「思考のスケールを大きくして、理想の姿をイメージしましょう」と言いましたが、なかなか難しいと感じるかもしれません。そこで、イメージの方法をご紹介します。

あなた自身が自己実現をしたいのならば、

- ミッション
- ビジョン
- 目標

の3つを持ちましょう。

ミッションとは、**「使命」**のことで、簡単に言うと、「何のために生きるのか?」ということです。

たとえば、「日本で一番理想的な医師になる」といったものです。

ビジョンとは、**「ミッションが達成されたときの理想的な状況」**のことです。

「日本で一番理想的な医師」になったときには、「多くの人が安心してかかれる医療業界をつくるうえで、影響力の高い発言ができる人間になっている」というものです。

ビジョンは、タイムマシーンに乗って、未来を見てきたかのように詳細に言えるものです。

そして、目標とは、**ミッションを達成するために具体的にやること**です。

ミッションを実現するために、

「何を達成するのか？」

「いつ達成するのか？」

「どこで達成するのか？」

「どうやって達成するのか？」

「誰と達成するのか？」

といったことです。

理想の姿を実現する人は、ミッション、ビジョン、目標を持って、それを日々の計画に落とし込み、実行していきます。

理想の姿を実現するまでに、どんな問題が起こり得て、どういう道を進み、どんな道具を使いながら達成していくかを考えることが自己実現の秘訣《ひけつ》です。

たとえば、「1年以内に海外で起業する」と目標を立てます。

そうすると、「銀行からお金を借りるのか？」「何人かの知り合いからお金を借りるのか？」といった選択肢が浮かび上がります。

銀行を選択した場合、「融資が通る事業計画書の書き方を学ぶ」「1日1枚の計画書作成をノルマにする」「専門家を探す」といった具体的にやるべきことが見えてきます。

ミッション、ビジョン、目標を持って、本当の理想を見つけてください。

「できていない。何かがおかしい」が潜在意識を動かす

現状で自分は何ができていないのか、という分析を行なっていけば、達成のために「何をすればいいのか」も明確になってきます。

このとき、現状の延長線上でミッションを考えていると、できていないことが少なく、すでにやっていることも多くなります。これは、いいミッションではありません。

これもできていない、あれもできていない、となるような理想の姿を思い浮かべてください。つまり、今の自分が小さな存在だと思えるミッションを考えてほしいのです。「できていない。何かがおかしい」と違和感を抱くことで、潜在意識は自分を理想の姿に近づけようと働き始めます。「これはおかしい」と感じることは一見マイナスのことで、潜在意識の働きを妨げるようですが、それは違います。

「おかしい」と感じているということは、理想の姿が見えているということです。**現**

状と理想の差があると認識しなければ「おかしい」とは感じないのです。

潜在意識は、見えているものを取りにいこうとします。より高いところが見えていて、その姿のほうがいいと認識すれば、そこに近づいていくのです。

そして、ギャップを埋めるために、人はクリエイティブに発想し、行動し始めます。現状でできていないというメッセージを自分に送ることで、創造的なアイデアや行動が生まれるのです。これは、逆を考えるとわかりやすいと思います。

たとえば、「この会議には参加したくない」と考えると、その目標を達成するために、参加しないための理由を前向きに探し始めます。電車が遅延していることにする、病院に行くことにする、打ち合わせを入れる、といった参加しないための方法がどんどん浮かんできます。

つまり、いい目標、悪い目標にかかわらず、潜在意識が目標を明確に認識すると、それを達成するように考えるようになるのです。

ミッション、ビジョン、目標が決まったら、それを達成した理想の自分なら「どう考えるか」「どう行動するか」とイメージして、日々を過ごしてみてください。

最適な選択を繰り返すことになり、理想の実現がぐっと近づいてきます。

ある意味でバカになったから、2日で24人の手術に成功した

思考のスケールを大きくして理想の姿をイメージするには、ある意味でバカにならなければなりません。

バカげたことをやろうと決意することは、成功の条件だと言えます。

バカになるとは、自分を小さくしておかなければ、できないことです。

何かを成し遂げる人とは、**今までの常識では考えられないようなことを、遠慮《えんりょ》なしにイメージ**します。周りの常識にとらわれないのです。

下手にプライドを持っていたり、経験やスキルを持っていると、思考が停止してしまいます。

「知らないことばかりで、やっていないことがたくさんある」と認識し、小さな自分になって気楽にイメージしてほしいのです。

私は歯科手術に関して、他の人が考えないようなことを目標にしたことがあります。2日間、手術をし続けるという目標を立てました。オールナイトで24人の方を手術することにしたのです。「患者さんは1日も早く歯を治療したい」「私の治療を受けたいと待ってくれている」、これを考えると、どうしてもこのスケジュールで手術を行なわなければならないと思いました。

1日2、3人ほどの方を手術するのが普通ですが、最短最速で最大の成果を出すための理想をイメージしたら、この目標に行き着いたのです。最短最速、それでいて完ぺきに治療する。これが患者さんにとっては一番負担が少ないのです。

結果として、時間通り、計画通りに手術を成功させることができました。

小さな自分で限界を取り去って考えることが大切です。

注意することもあります。バカげたイメージをするためには、普通を知ることも大事です。普通ならどう考えるのか、という視点がなければ、普通以外の思考を選択することができません。この点も押さえておいてください。

お金と能力の限界を考えなくていい理由

思考のスケールを大きくしていくときに、とても厄介《やっかい》なことが2つあります。

それは、「お金」と「能力」です。

この2つは、私たちのイメージの大きさに制限を与えます。

「こうなりたいな」と考えても、「でもお金がないしな」「でも自分の能力じゃ無理だろうな」とイメージの広がりを止めてしまうのです。

現状では達成できなさそうな姿を設定することが大事です。もし、お金と能力の要素のせいで迷いが生まれても、思考を止めないでください。この2つの限界によって、ミッションの内容を調整しないでほしいのです。

むしろ、自分は何者でもない小さな人間だからと割り切って、思い切りイメージを大きくふくらませていってください。

ミッションは、時代と環境により変化することはあるかもしれませんが、常に目指すべき永遠のテーマです。

多くの大経営者も、**初めは裸一貫**であった場合が多いものです。私自身、歯科医になりたてのときは大きな借金を背負ってのスタートでした。

つまり、お金も能力も実はそんなに心配することではないのです。

ミッションは、今の自分ではかなえられないものであるべきです。

逆に今の延長線上でかなえられることは、後々勝手に手に入ります。そんなものは、本当に欲しいものではない可能性が高いのです。

飛躍するためにミッションを立てるのです。だから、お金と能力の限界を考えずに、思考のスケールをどんどん大きくしていってください。人生について考えるときに、継続して必要なのがミッションなのです。

将来、手に入れられるはずのものを、理想の姿として設定することに意味はありません。それは時がたてば、勝手に自然と手に入れられる姿なのです。

小さな自分を認識して、大きなミッションを考えて、ビジョンをつくり、目標を達成していきましょう。

「ゲーム攻略」と感情をリンクさせる

ミッションを果たすためには、そこまでの道のりをワクワクしながら進む必要があります。

思考のスケールを大きくして、小さな自分が大きなミッションを達成するゲームをクリアしていく、という感覚を持ってほしいのです。

ロールプレイングゲームに人が熱中するのは、はじめは何も持っていない主人公が成長していき、武器を手にし、強敵を打ち破っていくからです。

何もない状態からスタートするほうが、成長していく楽しみがあります。

ボクシングのトレーニングを行なっていると、トレーナーさんに「どんなレベルになりたいのですか?」と聞かれます。

もちろん、リングに上がるつもりはありませんが、トップ選手が練習している内容をできるようになりたいとは思います。どんなトレーニングも、最高のレベルにしたいと思っているからです。

初心者で、なんの動作も知らなかった私が、トップレベルの練習に近づいていくことに、日々ワクワクしながらトレーニングしています。

ゲームをクリアしていく感覚に似ているな、とよく感じるものです。

トップレベルの自分になれたらいいな、といつもトレーニングの予約を楽しみに入れます。

目標を最大限に大きくすると、それに向かうときには、小さな自分で、初心者になれます。

初心者として向かう場合、そこには、ただただ素直な自分がいます。

先人の知恵を受け入れ、自分本位にならず、心理的に抵抗もせずに、素直に突き進むことは成功を引き寄せるのです。

まっさらな状態から、ゲームをクリアするつもりで、ミッションを達成しましょう。

ストイックな自分をつくる「自分との対話」

ミッションを達成するには、努力している感覚をなくしつつ、ストイックさを持つことが必要になってきます。

時には、たんたんと物事をこなしていくことがつらいこともあります。

第1章でもお話ししましたが、やるかやらないかで迷うことがあります。そんなときは、自分に単純な声がけをすることで乗り越えられます。

この言葉は、**自分がワクワクする言葉ならなんでもかまいません。**

私の場合は、成長という言葉を使います。

「これをやったら、成長する」

こう自分に声をかけます。

仕事をするのか、仕事しないのか？

勉強するのか、しないのか？

そのときに、どちらが成長するかと考えるのです。やるほうが、成長するに決まっています。

私の下積み時代のお話です。当時の私は、帯広で仕事をこなしながら、質の高い手術ができる歯科医になろうと考え、東京で行なわれるセミナーに通う生活を送っていました。

毎週金曜日の最終便の飛行機でいのうえ医院がある北海道を飛行機で飛び立ち、東京へ行っていました。到着は夜の23時です。

翌日のセミナーに最後まで参加すると、東京からの直行便で帯広に帰れず、千歳空港で時間をつぶし、寝台列車で帯広に帰る生活をしていました。朝4時頃地元に着き、それから2時間ほど仮眠して診療を行なうという生活です。

こんな無理をしてセミナーに参加する必要があるのか、やめてしまおうかと考えたこともあります。

しかし、そこで「参加すれば成長できる」と自分に声がけをして、参加しないという選択をなんとか避けることができました。

たかが「成長」という言葉ですが、追いつめられたときには、とても役に立ちました。言葉は、「成長」ではなくても全く問題ありません。自分にかけるとワクワクできる言葉を見つけ、ぜひ用意してみてください。

「成長する」「かっこよくなる」「強くなる」「きれいになる」「美しくなる」……など、なんでもいいのです。

私の知り合いは、トレーニングがつらくなると「やれば、かっこよくなる」と声がけをすると言います。

たとえば、ダンベルを上げるときに、「なぜこんなに上げにくい複雑な方法でトレーニングしなければならないんだ、バカみたいだ」と思うことがあるそうです。

そこで、「これをやれば、かっこよくなる」と自分に言葉をかけます。

簡単なものでいいので、自分を奮《ふる》い立たせることができる言葉を用意しておいてください。

夢は語らず、オーラを放つ——達成の雰囲気を身にまとう

仕事柄、多くの人とお会いしてきましたが、その中には成功者の雰囲気を身にまとっている人がいます。

オーラと言ってしまうとスピリチュアルの話のようですが、事実として、お会いすると独特の雰囲気を醸《かも》し出している人がいます。

やってのける人は、人とは違う雰囲気を身にまとっているのです。

もちろん、神様とつながっているからオーラが出るのではありません。この雰囲気を身にまとうには、条件があります。

◉ミッションは人に言わない

ひとつ目は、ミッションを決めたら、価値観を共有できる人以外には話さないこと

です。これは、身近な人からのアドバイスをもらわないためです。

現在の自分と同レベルの人に助けを求めても、思考のスケールは大きくなりません。

ミッションを黙っておくことで、その他大勢の人と自分を差別化することができるのです。

◉環境にできる限り投資する——ホームをつくろう

2つ目は、自分が身を置く環境に、できる限りの投資をすることです。

私は東京に出張したときはいつも同じホテルに泊まります。

私がそのホテルにしか泊まらない理由は、その場の雰囲気と一体化する、場に慣れる、ということを意識しているからです。

一段上のステージにある場所をホームにする。こうすると、そこにふさわしい雰囲気をまとうようになります。

このホテルは、世界中からトップビジネスパーソンが宿泊に来ます。その人たちの醸し出す雰囲気に調和するのです。

また、従業員の人々と良好な関係をつくるようにしています。すれちがうときには、気軽にあいさつができる関係をつくり、ここが自分のホームだと思えるようにするためです。

◉場との違和感を消す

そして、最後に、その場に自分が一番似合うと思う服装で行くことです。

それは、どんな格好でもいいので、自分なりにその場にふさわしい服装を選び、そこにいて違和感のない態度をするのです。

こうすると、人とは違う雰囲気を身にまとうことができます。

小さな自分から少しずつ成長していく間に、この雰囲気をまとっていってください。

思考も行動も変わっていきます。

雰囲気をまとうというのは、理想の自分を実現するうえで、バカにできません。

一流の雰囲気をつくるには、一流の思考、一流の行動が必要になるからです。

思考のスケールを大きくして、達成のための自分をつくるうえで、魅力を身にまとうことは大切なことなのです。

「達成して当たり前だ」と潜在意識に認識させるためにも実践してみてください。

column

◈週1時間、自分と向き合う時間をつくろう

多くの人は、ミッションのお話をしても、それを考える時間をとりません。ミッションは潜在意識を働かせるために重要ですが、日々生きていくために必要なことではありません。

しかし、ミッションを持たずに生きていくと、「私の人生って、なんだったんだろう……」ということになりかねません。

私はミッションを明確にするまでは、1週間に1時間は最低、自分と向き合う時間をとっていました。

ミッションを大切にしてください。そして、本章でご紹介した

▼「現状では達成が難しい」理想の姿の達成のためには、潜在意識は大きなエネルギーを生み出す

▼潜在意識は「今すでに知っているもの」より「新しいもの」のほうを手に入れる

▼「ミッション」「ビジョン」「目標」は、小さな自分になって思い切って定める

▼「何かがおかしい」、これは成功のシグナル

▼遠慮知らずな人しか「最短で最大の成果」は出せない

▼「お金も能力もないところから自己実現した人」が大多数

▼人生の中にゲーム感覚を持ち込むと感情が喜ぶ

▼自分との対話で、折れそうな心をケアする

▼成功者のオーラは、3つの要素でつくられる

を基に、理想の姿を実現してください。

第3章

小さな自分だから「自意識」を最高に高められる

成功する人の〝華《はな》〟と〝影響力〟のつくり方

新しい人格で"自意識全開"で生きていい！

自意識過剰、自意識が強い、という言葉は、悪いことだというニュアンスで使われています。しかし、自己実現を果たす人は、**みな自意識が強い**ものです。

自分はこういう人間である、というものを持っています。

したがって、

自分はどう見られているのか？

自分をどう見せたいのか？

ということも意識しています。

自己実現をするうえでは、自意識を強めることは必要なことなのです。自分がどんな人間であるべきなのか、は確立しておくべきです。

その自意識にふさわしい言動、コミュニケーション、見た目、立ち居振る舞いをしていくべきだと私は考えています。

とはいえ、自意識が強いと思われると嫌だなと思う人もいることでしょう。

でも、少し考えてみてください。

あなたは、他人に注目される存在なのでしょうか。

おそらく、誰もあなたのことなど、気にしていません。みな自分のことで精いっぱいで、他人のことなどあまり気にしていないのです。

今から自己実現を果たしていくあなたは、まだ何者でもありません。注目される存在ではないのです。

だからこそ、私は言いたいのです。

あなたが、**自意識高く生きていても、誰も気にしない**ということを。

今日から高い自意識を持って生きても全く問題ありません。

小さな自分が、大きく成長していくためには、強い自意識が必要です。

今はまだ小さな人間だけど、「自己実現した自分は、こういう人間である」とイメージしてほしいのです。その感覚で生きていくからこそ、あなたの人生は変わります。

今までの自分で生きるのではなく、自己実現した自分はこんな人間で、そのときの自分の言動はこうだ、こういうコミュニケーションをとるだろう、こういう見た目をしているはずだ、という自意識を持って生きていってほしいのです。

これから自己実現していくあなたは、今はまだ小さなあなたです。

何度も言いますが、誰もあなたの存在など気にしていません。

だからこそ、思い切って、遠慮せず、自意識を持って日々過ごしてください。

バカにされるほど他人から気にされていません。

もし、バカにする人がいたら、その人こそ恥ずべきです。成功者はみな高くて強い自意識を持っているのです。それを知らないだけなのです。

小さな自分だからこそ、自己実現した将来のあなたとして「新しい人格」で生きてもいいのです。

気づかれないうちに華を育てる

成功者には、華があります。華とは、人を引きつける魅力です。

実は、自己実現するためには、この華の存在もバカにできません。

人は華がある人に引きつけられ、華がない人の周りには集まりません。自分ひとりで成功をつかむ人はいないのです。多くの人の協力が必要です。

ミッションを達成するためには、華が必要不可欠。華がある人には、多くの人がつながりを求めます。

多くの人とつながりがある人と、つながりがない人では、チャンスをつかめる可能性が大きく異なります。

あなたに協力してくれる人、あなたにチャンスをくれる人を引き寄せるために、自分の中の華を育てましょう。

リアルの世界だろうが、ＳＮＳの世界だろうが、華がある人と人はつながろうとするのを忘れないでください。

では、華のある自分をつくるためにはどうすればいいのでしょうか。

これは、矛盾するようですが、**不必要に人とつながらないこと**です。

ビジネス書の世界で生きていると、「交流しすぎだな」と感じる人が多くいます。自己啓発本には人脈の大切さが説かれるからでしょう。

ランチ会、勉強会、読書会、交流会、懇親会、飲み会、これだけではなく、つき合いの場に行きすぎなのではないかと思うのです。

華を育てる人は、こういった集まりに参加しません。

そこにいるのが普通になると、華がなくなると知っているからです。集団に馴染《なじ》むということは、異質ではなくなるということです。みなと同じような人になってしまえば、華のある人間にはなれません。

私は、学会の招待講演に招いてもらうことがあります。

普通なら、講師に選ばれたら、講演の初めから最後まで参加します。同じ講演者と交流を持つのが普通です。しかし、私はそういうことはしません。

打ち合わせに参加して、初めに話をする人の講演を聞いて、会場の反応を見たら、一度、会場を出ます。そして、自分が話す時間に戻ってくるのです。

その場にとどまると、会場の雰囲気に馴染んでしまいます。講演を聞く人は、自分と同じようなレベルの人の話を聞きたいわけではないのです。自分をより高みに連れて行ってくれる人の話を聞きに来ているのです。

壇上に、場の雰囲気に馴染んだ普通の人が出てきたらどう感じるでしょうか。真剣に話を聞いてくれるとは思えません。

約1時間の講演時間で、私の価値は決まります。

なぜ、講演に招聘《しょうへい》されたのか、それは他の人ができない話を私ができると思ってもらえたからです。役立つ話をして、喜んでもらうことが役目なのです。

自分の話を参加者の人々に役立ててもらう、そのためには、壇上に上がった瞬間にこの人の話は聞く価値がありそうだ、と思ってもらわなければなりません。華の力で、人を引きつけなければならないのです。

私はとにかく、他の講演者との違いをつくることに意識を向けます。

私は、講演するときには起床時間、食事時間、フィットネスをする時間など、すべてのスケジュールを講演会の時間から逆算して決めて動きます。

私が、講演会場から早々に離れるのは、ホテルの部屋に戻るためでもあるのです。部屋に戻ると、来ていたスーツをハンガーにかけて一度着替えます。

1日中着ていたスーツで壇上に上がるのと、講演直前に来たスーツでは、スーツの見た目に差が出ます。

そして、見てきた参加者の反応を思い出しながら、頭の中で話す内容に微調整を加えます。同時に、打ち合わせで知った、講演者たちの話の内容と自分の話の内容に違いが出せるかを確認します。

最後に、講演者の人々の講演内容で、共感できるところはないかを考え、私の話の中でうまく、素晴らしいノウハウだと称賛を送ることはできないかを考えます。

このようなことを繰り返して、少しでも華のある自分が確立されるように心がけています。

華のある自分をつくるというと、恥ずかしい気持ちになるかもしれません。しかし、まだ自分が小さいからこそ、何をやっても気づかれにくい状況にあります。

小さな自分のうちに、少しずつ華のある生き方をしてみてください。

「洋服を変えろ」と言われる本当の理由

実は、洋服や身に着けているものを今までと違うものに変えることは、華のある新しい人格を形成するうえで効果のある方法です。

自己実現したときに自分なら、どんなものを着たり、身に着けたりするかな、と考えて変えてみるのはおすすめです。

この服を着ている自分はどんな言動をするかな、どんな雰囲気を身にまとっているかな、と想像しながら、理想の人格イメージをつくってみてください。

そして、その人格を記憶しておきましょう。

普段の生活に戻っても、その人格で過ごすことを繰り返し、理想の人格を定着させるのです。

思考も発言も行動も変わっていくことに気づけるでしょう。この変化こそ、自己実現を近づけるのです。

外からの刺激で内面を変えるアプローチは、すぐにできます。

スポーティでラフなスタイルで仕事をしている経営者にあこがれているなら、それをマネしてみる。一流ブランドを身にまといスマートなスタイルで仕事をしている姿にあこがれるならそのようにしてみてください。

外から刺激を入れ、中身を変化させていくのです。

ただし、服や身に着けるものを変えただけで満足してはいけません。人格が変化しなければなんの意味もないからです。

目的は、思考と行動を変えること。ここが変わらなければ、人生に変化は起こらないと肝に銘じておいてください。

身に着けるものからアプローチしていく方法は、簡単なわりに内面への影響を与えるので、今から自己実現を目指す人にはおすすめの方法です。

自己実現したいけれど何をしたいのかわからないと迷っている人は、この方法を試してみてください。

1カ所だけ極端に変えると相乗効果がある

ハロー効果という心理学用語があります。人は、ひとつのプラスの属性に引っ張られて、他の属性を過大評価するというものです。

たとえば、見た目が良ければ性格もいいだろうと思ってしまう。好感が持てる話し方や立ち居振る舞いをする人は、性格もいいだろう、と思ってしまうというようなことです。

人を引き寄せる華のある自分をつくるうえでは、参考にしてみてもいいのではないでしょうか。

私は講演会でお話をする機会が多くありますが、講演をするうえでは、いくつか意識していることがあります。最近では、オンラインセミナーもしますが、同じ意識です。

先に触れましたが、**服装に気を使っています。**

会場の皆さんに良い印象を与えるためです。

私は、上質で品格のある講演会をしたいといつも考えているので、それに合わせた服装をすることにこだわっています。

上質で品格のある空間を演出したいので、基本的にはジャケットやスーツで行なうようにしています。最近では、オンラインでの指導もしているのでカジュアルな服も着ますが、品格を感じさせるものを選んでいます。

日本に限らず海外の人でも、上質で品格のある印象を感じてもらえるように、それにふさわしいブランドのものを選ぶように心がけています。

講演は話が終われば、それで終了とはなりません。

後々、映像になります。映像では、会場の雰囲気は伝わりません。私自身が話している姿しか映らないからです。だからこそ、フォーマルで、3年、5年後に見られてもいいような洋服選びをしています。

次に、**立ち居振る舞い**です。

あるとき、3人の講師が話をする勉強会に登壇しました。

その中のひとりの講師が、足を投げ出して姿勢悪くイスに座り、大きな声で威圧的に人々に話していました。

3人の講師が話す勉強会なので、当然、私のことを知らない人もいるわけです。私の話を聞きに来てくれている人ばかりではありません。

初めて私を知った人、私以外の講師を目当てに参加した人に、悪い印象は与えられません。**この一回の印象が、一生続く可能性がある**からです。

個人の講演会ならそれは個性かもしれませんが、自分以外の講師と共にするときは個性がマイナスになることもあります。常に、状況を俯瞰《ふかん》し、最大の価値とは何かを考えることは大切です。

そのときに、私は上品に清潔感のある姿で話をするべきだと思いました。

見た目で嫌悪感を与えてしまうと、内面も悪いだろうと思われてしまいます。逆に、見た目で清潔感を与えられれば、内面にも好感を持たれる可能性があります。

華がある人間になるためには、見た目も大事なのです。

見た目と言っても、服装、立ち居振る舞い、肉体、表情など様々なものがあります。華がある人間になるために、どこか一点だけ、極端に変えましょう。

魅力を高める会話の絶対ルール

「でも」「そうは言っても」

と話をしているときに、ついつい相手の意見を否定してしまうことはありませんか？
私が人とコミュニケーションを取るときに注意しているのは、人の話を聞くときは、必ず肯定することです。話を聞かない人とのコミュニケーションはストレスになります。
また、話を否定されると、人は心を閉ざしてしまいますから、共感を伝えることも大切です。

話に共感したのなら、**「私の経験からもそう思います」**とひと言告げてください。もし、共感できなかったら、どうするのか。

その場合は、**「○○さんもそうおっしゃっていた」**と、自分の意見と違っても、誰か他の人が同じような意見を持っていたと伝えてあげてください。

それも思い浮かばなかったら、**「そういう考え方もありますよね」**でもいいでしょう。自分と同じ考えであっても、違う考えであっても、いったん、丸ごと受け入れて共感を示してください。そこから、自分の意見を伝えればいいのです。

私は講演の最後に行なわれる参加者からの質問を受け付けるときも、常にこのことを心がけています。

また、私はよく対談をする機会に恵まれます。時には、とても主張が強い人と対談することもありますが、このルールを守っています。

しっかりと話を聞き、一度受け入れます。

主張が強い人と話すときには、とにかく話を聞きます。共感に徹します。すべてを吐き出してもらうまでは、聞き役に徹するのです。

ただし、話をふられたときには、自分の意見をはっきりと発言します。私もじっくり話を聞いたので、相手もしっかり聞いてくれます。

主張が強い人とのコミュニケーションは一見難しいようですが、話を聞く時間を長くして、短く主張を述べれば、関係がこじれることはありません。

量には質で対応するようにしましょう。

自分は小さな人間であると自覚していれば、話を聞く姿勢はつくれるはずです。常に謙虚な姿勢でいれば、相手を受け入れることができるはずです。

自分のほうが知識がある、自分のほうが優れた意見を持っている、と自分を過信してコミュニケーションを取るとうまくいきません。

相手を受け入れ、安心感を与える人に、人は魅力を感じるものなのです。

話が少しそれますが、私は声が高く、それがコンプレックスでした。自分を悪くとらえていた時期があります。

しかし、講演会を行なったときに、「井上さんの声のおかげで、強い主張をされるときにも場がなごみます」と感想をくれた人がいます。

コンプレックスも強みに変わる瞬間があります。声の質でコミュニケーションが苦手になっている人も気にする必要はありません。

影響力を高める3ステップ

影響力を持つことを意識し始めると、華のある自分に少しずつ変化することができます。

影響力とは、結局、人を動かす力です。

社会に影響力があるから華がある、華があるから社会に影響力がある、どちらの意見もありそうですが、華と影響力には関係性があると私は考えています。

私自身、もっと影響力を持ちたいと思っています。

影響力が持てれば多くのことが実行可能になるからです。

自分が何かやりたいと思ったときに思い切って実行できますし、大切な人や仲間が何かやろうとするときに協力することもできます。

よく考えれば、影響力さえあれば、あとから仕事も人もお金もついてきます。

自分の理想を実現したいのなら、社会に影響力があって損はありません。

ある総理大臣が指名される瞬間を映像で見たことがあります。「内閣総理大臣○○君」と呼ばれ、「はい！」と立ち上がるおなじみのシーンです。

そのときに私は、この人がこれからこの国を動かしていくんだな、と思いました。政治家になりたいわけではありませんが、自分がこの立場になったら、と想像してワクワクしました。こんな影響力を持ったら、それは国民のために体を張れるな、と思ったものです。

では、影響力はどうすれば高めていけるのでしょうか。

それは、**信用**→**信頼**→**尊敬**という順番で、人々から支持を集めることです。こなす→頼られる、という道を通ると、人は尊敬されるのだと思います。

たとえば、小さな自分を自覚して、コツコツとやるべきことをやる、すると、仕事を頼まれるようになる、頼まれたことで人を助ける。これが積み重なると、人は尊敬の念を抱くようになるのです。

尊敬されれば、人は協力してくれるし、あなたのために動いてくれます。

私の場合は、影響力を高めるために情報発信を続けています。

先にもお話ししましたが、フェイスブックで、「価値ある人生を送るための指針」となることを投稿し続けています。

私が今まで学んできた、潜在意識、成功法則、ドラッカーの戦略理論の要素、そして私の人生経験を掛け合わせ、凝縮して毎日投稿しています。

初めは、自分なりに価値があると考える情報をコツコツ発信していました。そのうち、私をフォローしてくれている人が欲しい情報を意識して発信するようになりました。

私は、フェイスブックの投稿を1日も途切れさせたことはありません。私が投稿を続ける限り、過去の人となって私の存在が忘れ去られることはないと考えています。

やり続けることで、いつか影響力を得られると信じています。

元プロレスラーの前田日明《あきら》さんが次のようなことをおっしゃっていました。

「伝説は、疑われる。忘れられる。神話は誰も疑わない。忘れられない」

私も、神話のレベルになるまで、投稿を続けたいと考えています。

「誰もあなたを見ていない」ことを忘れない！

ここまで、自意識を高め、華のある人間になることの大切さをお話ししてきました。

自己実現を果たす人は、「自分はこういう人間である」と決め、その人格に沿って思考と行動をしていきます。

同時に、華のある自分をつくり、影響力を高めていきます。

自意識に従って進む。

華のある自分で進む。

自分本位になってしまうのではないか、嫌われるのではないか、そんな自分を見られるのは恥ずかしい、こう思う人もいるでしょう。

しかし、安心してください。

自分が小さな存在だということを自覚してください。まだ、あなたのことなど、誰も気にしていないのです。
だからこそ、思いっきり自意識を高めて日々を生きましょう。

自意識が強くなければ、結果は出せませんし、自己実現など不可能です。自意識がなければ、「どうなりたいのか?」「どこへ到達したいのか?」、これが不明確になるのは当然です。

世界チャンピオンや、成功した経営者、あらゆる道のトップとなる人は、自意識が強いから、満足いく現実を形づくっているのです。

自意識強く生きるあなたをバカにしてくる人がいても気にしてはいけません。他者を批判する人は、自分のことを大きく見積もっている勘違いした人なのです。

何かをつかむ人は、自意識が強いのです。

自意識過剰になっているなど、自分にも他人に対しても思ってはいけません。

「自分はこういう人間だ」
だから、こう考える、こう言う、こう動く。
自意識を持って生きていきましょう。

礼儀正しさが、最後はあなた自身を守る

自意識高く生きられるようになったとき、そして、影響力を持ち始めたと感じたら、気をつけてほしいことがあります。それは、礼儀、礼節を守るということです。

人は、**自分が成長し、少しずつ何かを得ると、傲慢《ごうまん》になり始めます。**傲慢な人は他人に対し、失礼な態度をとりますし、嫌われるような言動をしてしまうものです。

そうすると、必ずあなたの夢を打ち砕こうとする人、足を引っ張ろうとする人が出てきます。自分に起こるいい変化を喜ぶのはいいのですが、気配り、配慮、感謝の気持ちは忘れないでください。

礼儀、礼節を守り、相手に嫌な思いをさせないことは、人間としての最低限のルールです。自分を小さな人間だと認識し、常に謙虚な姿勢でいてください。

敵が増えれば増えるほど、いつどこで足をすくわれるかわかりません。

❖私が躊躇《ちゅうちょ》せず、試着をする理由

見た目を変えると自信がつきます。

自信というエネルギーを得た潜在意識はパワフルです。

服を変えると、即「心が満たされる」というメリットがあります。

前より「かっこよくなった」「美しくなった」、これは自信につながり、大きなエネルギーを生みます。

エネルギーを取り込むためにも服を利用しましょう。

私は、買える買えないは気にせず、高価な限定の服でも、気に入ったら試着するようにしています。

気後れすることなく、躊躇することなく、試着します。店員さんのほうが躊躇するくらいです。

高価すぎて触りたくないのです。傷ついたらどうしようと考えるのでしょう。

でも、迷わずソデを通します。一瞬の試着でも、気分が高まることを感じます。

潜在意識に、「自信のある自分」を認識させるためにもぜひ、実践してみてください。

また、服が欲しいという欲求は収入を高めるモチベーションにもなります。洋服を変えることは、自信と収入を高める一石二鳥の方法でもあるのです。

洋服の使い方を代表例に、本章では自意識を高める方法をご紹介しました。

column

▼成功者は例外なく自意識が高い
▼リアルの世界でも、SNSの世界でも「華」がある人に、人が集まる
▼洋服を変えて、新しい人格をつくる
▼一点だけ見た目を変えると、内面に好感を持たれる
▼相手の話は絶対に否定しない
▼信用→信頼→尊敬という順番で支持を集めると影響力が高まる
▼影響力を持ったら、足をすくわれないように注意する

これらのポイントを押さえ、魅力のある人に成長してください。

第4章

運は仕掛ければ、回収できるもの

偶然に頼らず「理想の自分のプロフィール」をつくる

実体がなくても、運はつかまなくてはならない

自己実現には、どうしても運が必要になるときがあります。

やるべきことをやっても、実力をつけても、運がなければうまくいかないことが現実としてあるのです。

行動を積み重ねることも、スキルを磨くことも大切です。これが人生を生き抜くための土台となるのは間違いありません。

しかし、運がないせいで、結果が出なかったり、予想より小さな結果しか手にできないということはよくあります。

逆に、運があればちょっとした行動が大きな結果となることもあるのです。

運は実体の見えないものなので、つかむことも、引き寄せることも難しいと感じることでしょう。

「真面目に頑張れば運が向いてくる」などと言ったところでむなしいだけです。「神に祈れば助けてもらえる」と考えるのは、それこそ運をコントロールできないと自分で認めていることになります。

運はたしかにつかみどころのないものです。

しかし、あの人は運がいいな、と感じる人がいます。

では、運をつかむ人とはどんな人なのでしょうか。

私は、**偶然に頼らないことで、運はコントロールできる**と考えています。

運については、私の経験からお話しできることが多くあります。

世の中で小さな存在だった私が、歯科医としてメディアに取り上げられたり、著者となり、ベストセラーを出し、大きな講演会を依頼されるようになった話は、まだ何者でもない人が自己実現していくために参考になると思います。

運が巡ってくる仕掛けをより多く仕込むことで、すべてではなくてもより多くの運を回収できるのです。

では、仕掛けとは何なのか、この章ではそのことについてお話ししていきたいと思います。

成功する芸術家、成功しない芸術家

成功をつかんだ芸術家がいる一方、つかめない芸術家がいる。そもそも成功ごときのために芸術に打ち込んでいないのかもしれません。ゴールは納得のいく作品の完成なのだと思います。それでも私は、とても不思議に感じていることがあります。

私たちには、芸術家たちのパフォーマンスの違いがわかりづらいものです。すべて良く見えてしまいます。パフォーマンスの違いが測れないのに、成功には差がある。専門家にしか価値はわからないという意見もあると思いますが、作品を購入するのは専門家だけではありません。

芸術家の人々は、作品に情熱を込めます。制作に時間をかけます。また、芸術家のスタート地点に立つまで勉強を重ねてきているのだろうと思います。

職業にいい悪いはありませんが、私たちのようにこの職業につけばこのくらいのお金がもらえる、ということも見えにくい。それだけに、みな貴重な存在なのではないかと思えます。

しかし、大勢の食べていけない人と、少数の食べていける人がいるのが現実です。勉強を重ね、みなさん作品に全精力を込めていることを考えれば、パフォーマンスに大きな差は生まれないのではないかと思います。

コツコツ制作を続けているのは、芸術家の人々はみな同じです。センスが勝敗を決する、というのも腑《ふ》に落ちません。もともとセンスがいいから、芸術家のスタート地点に立っているからです。

先に、格闘技の世界のお話をしましたが、天才的な格闘家がランキングがトップレベルの選手になれないことが多いという話もあります。天才芸術家が成功するわけでもなさそうです。

実は、この芸術家の人々の成功を分けるひとつの要因がネットワークであり、**「つながり」**のようなのです。どこの美術館で飾られるか、によってその後の人生が変わるという話があります。つまり、この環境を経由したほうが成功する、この人とつながったほうが成功する、ということで違いが生まれているようです。

私は、この「どこを経るか」「どんな人とつながるか」、これによって運が決まってくると考えています。

つながりをつくる、これが幸運を引き寄せる可能性を高めるのです。

私の1作目の本を担当してくれた編集者とは、知り合いが主催していたセミナーに私が参加したことで出会いました。話を聞くと、無名新人著者をベストセラーにすることに定評があるということがわかりました。この編集者とつながることで、ベストセラーを世に出せる可能性は高まると私は考えました。

どんな分野にも成功の王道があるのだと思います。

そして、成功の構成要素のひとつに「つながり」という要素がある。成功のためのつながりがつくれた人が、自己実現を達成していくのではないでしょうか。

だからこそ、やるべきことは、成功した先人たちのつながりを調べ、知ることです。あの人はどことつながったのか、誰とつながったのか、これを調べることが大切です。

そして、今の自分の状況を認識してください。

「どことつながっていないのか」がわかれば、当然「どことつながればいいのか」が見えてきます。

現象ではなく「つながり」を意識する

私が運について言いたいことは、コントロールできないことは捨てて、コントロールできることに集中したほうがいいということです。

つまり、**現象（幸運な出来事）を求めるのではなく、人であったり環境を求めるべきだと言いたいのです。**

「運が巡ってきて成績が良くなるといいな」

ではなく、

「あの人に協力してもらったら成績が高まるかもしれない」

「あの環境に行くと、自分の価値を高めるつながりができるかもしれない」

と考えてほしいのです。

ただのつながりではありません。どこでもつながればいいわけでもありません。

価値あるつながりを求めるのです。

「価値あるつながり」に注目すると、幸運が起こる可能性があるからです。

現象はコントロールできませんが、つながりはコントロールできます。

そして、小さな自分であるからこそ、このつながりはつくりやすい。

ある程度の結果を出していると方向転換ができませんし、社会人の経験から自分のことをある程度のレベルの人間であると考えると、人に声をかけにくくなります。

プライドはつながりをつくることにブレーキをかけますし、新しい環境へ飛び込むことに心理的抵抗を感じさせます。

すでに無戦略で一定の人々とのつながりをつくっている人は、「あちらとつながると、こちらから嫌われそうだな」「一度入ったコミュニティからは抜けにくいな」というような考えも浮かぶものです。

だからこそ、自分は小さな人間で、何者でもないから、誰とつながってもいいし、どんな環境に入ってもいいと、割り切って考えてほしいと思います。

注意が必要なのは、「価値あるつながり」をつくらなければ意味がないということです。

自分のプロフィールを書いてみる

小さな自分を自覚し、不足を見つけて運をつかむための一石二鳥の方法があります。

それが、自分のプロフィールをつくってみることです。現状の自分の自己紹介を文章にしてください。私たち著者は、本にプロフィールを載《の》せるので、自己分析をすることが多くありますが、これが人生設計に役立っているのではないかと思います。

これを行なうと、自分に不足している部分が見えてきます。**社会人になってからのことを時系列で書いてみましょう。**自分の経歴を書いていくのです。

これだけで、自分が今は小さな存在であり、やれることがあると希望がわきます。

次にやることは、**自分のお手本となる人を見つけ、その人のプロフィールを調べます。**

お手本となる人とは、あなたが成し遂げたい夢を成し遂げている人です。

あこがれの人にしてください。ライバルは絶対にダメです。ライバルのプロフィールを参考にすると、嫉妬心《しっとしん》がわき上がります。

本を書いている人なら、必ずプロフィールはわかりますので、ビジネス書の著者をお手本にしてみてもいいでしょう。賛否両論あるとは思いますが、本を書くということは、その道のスペシャリスト、トップのポジションにいる可能性は高いのです。**自分のプロフィールと、著者のプロフィールを比べると、自分が得なければならない結果が見えてくる**はずです。

著者が得た結果を見て、自分が得るべき結果を明確にしてみてください。

営業に関する本の著者が、入社5年目で社内トップ営業になっていたとします。あなたが営業の仕事をしているのなら、5年以内には、社内ではトップの成績をとったほうがいい、と考えることができます。

次に、その人がどうやってトップをとったのか、を調べていきます。トップをとるときに、必ず何かのつながりが効果を発揮しているはずです。たとえば、対面の営業をやめ、営業レターの手法に変えてトップになっていたら、「誰から営業レターを学んだのか」を調べて、自分も同じようなつながりをつくっていけばいいのです。

自分と比べる著者は、自分と同じような職種、同じような夢を持っていた人にしてください。

はじめのうちは、わかりやすい違いを見つけることが重要だからです。あまりにもあなたと目指すものが違う人と自分のプロフィールを比べると、違いが多すぎて、何をどうすればいいのか迷ってしまいます。

また、あこがれの人と自分を比べることは、将来の自分と今の自分を比べることになるので、嫉妬心がわいたり、気力を失うこともありません。あなたの目指す場所に到達している人は、あなたのなりたい理想の姿です。

そういった人には、「悔しい」「負けた」という感情を感じにくく、学びたい、情報を知りたいという感情が生まれるので、潜在意識にとってはプラスに働きます。

次に、**著者の人生を見ながら、未来について自分のプロフィールを作成してみてください。**「入社10年目に独立」などです。とにかく、不足を見つけることが大事です。著者の結果にヒモ付いたつながりを探していきましょう。

これは、なにも著者をお手本にしなければならないわけではありません。知り合いであこがれている人などもいいでしょう。より詳しい情報を集められるからです。もしかしたら、必要なつながりを与えてくれるかもしれません。

つながっていい人と、つながってはいけない人を見極めるには？

「誰とつながるか」「どことつながるか」が大事だとお話ししましたが、先にもお話ししたように、人と交流しすぎるのはよくありません。

自分の欲しい結果を持ってきてくれる可能性がある人とつながることが大切です。

あこがれの人がつながっている人か、あなたを大きく成長させてくれる人でなければなりません。あこがれの人がつながった人は、今ではいなくなっているかもしれませんので、その場合は似たようなポジションにいる人です。

あなたに飛躍《ひやく》の機会を与えてくれる人は、やはり頂点に近い人であるほうがいいでしょう。

たとえば、ベストボディのチャンピオンになりたければ、チャンピオンにしてくれる人とつながらなければ意味がありません。

そう考えると、つながるべき人は多くありません。チャンピオンになった人か、チャンピオンを指導したことがある人となります。

つながるべき人は、あまりいないのです。つながる人に関しては、妥協してはいけません。一流とつながらなければ、一流にはしてもらえません。三流とつながれば、三流にしかなれないのです。

私も肉体改造を始めたときは人探しに時間を割きました。チャンピオンになった人かチャンピオンを育てた人を指導者にしようと思ったのです。結局私は、あるボディビル大会のチャンピオンになったことがある人に決めました。

そういう人は、現在の日本、世界のトップとも情報交換をするので、より良いトレーニングを指導してくれます。

格闘技の練習に関しても、メインイベントを飾ったことがある人にお願いしています。

普通レベルの人か高いレベルの人か、どちらとつながるかで大きな差が生まれます。普通の人は普通のチャンスを与えますが、圧倒的な人は圧倒的なチャンスを与えてくれるからです。

スキルアップなどに関して言えば、成長のレベルも、スピードも違ってきます。ポイントがわかっているから、やることを厳選して、早く上達させてくれるのです。

どのつながりが、**「より結果を約束してくれるのか」**、これを考えることです。人の選び方で、チャンスの質も、運の大きさも、運をつかむスピードも変わります。

つながってはいけない人には、特徴があります。

先にも触れましたが、まずは、大前提として、あなたが欲しい結果を得られていない人です。そういった人とつながっても、あなたはひとつ上のステージに行くことはできません。

次に、自己中心的な人です。こういう人は、人が生きるうえでの原理原則を守っていないからです。

自分のために、目先の利益のために動く、人を利用しようとする人とつながってはいけません。相手はあなたから何かを奪おうとするからです。

プロフィールの価値を上げる「10年後の自分」

著者となった私は、講演家としての仕事も増えていきました。そこで私は、開催場所にこだわることにしました。

先の芸術家の成功の話を参考にすると、どこで展示されたかが重要になります。そう考えると、私という作品を展示する場所は重要です。

ここで開催しておけば、「10年後の自分の価値を上げられる」という場所を選ぶようにしました。業界のトップに君臨している人が一度は使う会場、老若男女みなが知っている有名ホール、文化人、著名人から認められる場所を選んで講演会を開催していきました。

会場が空いているから、今すぐにやれるから、きれいな建物だから、という基準では選ばなかったのです。

自分の人生を振り返ったときに価値になる「今、やるべき場所とは？」と考えました。

会場が新しいか、広いか、などは気にしません。プロフィールを見られたときに、「こんな会場で講演をしているのか！　他の講演家とは違うな」、と思われる場所を選んでいったのです。

あるホールの舞台裏には、今まで講演した人々の写真が飾ってありました。そこに飾られている写真に写る人は、誰もが知っている人ばかりでした。そこに、私の写真も飾られています。

写真が外されない限りは、その写真は私の価値を高め続けてくれるはずです。

つながることで高い価値が生まれるか、つながることで人に強い印象を与えられるか、を考えるべきです。

10年後に、圧倒的なプロフィールをつくれるようなつながりをつくっていきましょう。

つながる前に大勝負がある

つながりをつくる場合には、誰かに学びに行く形を取ることも多いでしょう。しかし、勉強をしに行くつもりでセミナーなどに参加してはいけません。

理想は「この人は、なんでこんなにできるんだ！」と思われるように勉強や下準備をしてから行くことです。他の人とは違う、と思われるからキーマンの近くに行けるのです。キーマンと接するときに、他の人と差を生み出しておくことが大切です。

セミナーなどは、勉強しに行くのではなく、機会をつくりに行くという感覚を持つことが大切です。講師に自分の魅力を感じてもらうために行くのです。

世の中にはたくさんの人がいて、**引き立てられる人はほんの一部**です。

セミナーに参加したからといって、つながりができるとは言えません。セミナーに行った時点で、他の人と違う雰囲気を持っているからつながりができるのです。

「この人はすごいな」と感じてもらうことで、つながりのきっかけができます。引き立てようと感じてもらえるのです。

たとえば、私のセミナーに参加する人のことを考えてみても、学びに来た人に対しては、「わかった？　大丈夫？」と結果が出るまでフォローして見守るという対応になります。しかし、魅力的な人が来たら、「こんなにすごい人がいる」と知り合いに伝えていきます。編集者などにも紹介していきます。

「この人をあの人に紹介しようかな」「この人の力になろう」

そう思ってもらえる人でなければ、チャンスをお膳立てされることはありません。

とはいえ、勉強をしてから参加するのは難しい、他の人と差をつける魅力はまだない、という人もいるでしょう。そういう人は、「つながるべきキーマンを助ける」という意識を持ってください。「何か役に立てないか」と考えて動くといい効果があります。

私自身、自分の講演会の参加者の中でプロジェクトに協力してくれそうな人は、チームに入ってもらうようにしています。プロジェクトが終わると、その人のためにチャンスを用意します。つながりをつくるにも、コツがあります。そして、つながりにも強弱があり、運をつかむ人は強いつながりをつくるのです。

「ひとりくらい受け入れてくれる」という気持ちを持つ

運を仕込むときには、環境を変えなければならないこともあります。ある集団に入るとチャンスが増える、ということはよくあるのです。

新しい環境に入っていくことには、気後れする人も多いでしょう。

しかし、気後れは必要ありません。不安も抱かなくて大丈夫です。新しい環境に入れば、**あなたを無条件で受け入れてくれる人がひとりはいます。**そういう人があなたをフォローしてくれます。

ここでも小さな自分を認識してください。

未経験で初心者なのですから、新しいことばかりなのは当然です。慣れないこともあるでしょう。でも、すでにその集団にいる人も、はじめはあなたと同じ状態だったのです。あなたもその集団に身を置けば、その人と同じようになっていくものです。

責任にとらわれずに手放し、人に頼んでいい！

運をつかむ人は、なんでもかんでも自分でやりません。

自分ひとりでは大きな結果は出ないとわかっているからです。

また、時間の大切さを知っています。

なんでもかんでも自分でやって、自分の時間がなくなれば、ものを考える時間も捻《ねん》出《しゅつ》できなくなります。

それこそ、自分に足りないものを探す時間はなくなりますし、自己実現のためにやるべきことをやる時間もなくなります。

小さな自分を認識し、思い切って人にどんどん頼むということをやってください。

いろいろ自分ひとりで抱え込んでいる人も、他者に頼むと運が開けるものです。

プライドがあってなんでも自分でやろうとしてしまう人がいます。また、責任感が強く他人に任せられない人もいます。

それは、一見良いことのようですが、手が回らなくなります。

手放し任せる――。これは成果を大きくする最良の策です。**全部自分でやる人ほど、成果を最小化させる**のです。

私の歯科医院には、毎日60人以上の患者さんがいらっしゃいます。

私が60人の患者さんを診るのではなく、副院長と患者さんを分けていき、自分の強みの診療に集中します。

60名の人すべてに対して、集中することはできないからです。厳選し、要所で私が動くからこそ治療の質も上げられます。

「今日は私にしか治療できない5人を見るから、他の人は頼みます」と言える人が周りにいることで、私は新しい価値を生めます。そして、運は向いてくるのです。

疲れたから、苦労したから、というように努力したら運をつかめるという考え方はよくありません。「神様は見ている」と考える人になってはいけません。

仕事の量が多くて仕事ができるのは当たり前です。これでは、他に価値をつくる時間がありません。

お願いします。私は新しいことをします。

人をうまく生かしながら、結果を出せるようにならなければなりません。

責任は取る、権限は渡す――。たとえば、テレビ局の経営者が、プロデューサー、ディレクターの仕事に手を突っ込んではいけないのです。

なぜ、私がいろんなことができるのか。

それは、ある意味で仕事をしていないからです。仕事をしないで結果を出すことが一番難しいと考えています。しかし、それだけに意味があります。

◉手放さなければ大きくなれない

働いて働いて、すべて自分でやり切る時期を持った人は強い。自分ひとりでやって結果を出せるレベルの人は優秀です。

しかし、それを**ずっと続けてはいけません。**

自分の時間を持てる人になりましょう。自分の不足を見つけ、それを補う行動をする時間がつくれる人が自己実現するのです。

私は、歯科医、著者、講演家の仕事をしながら、トレーニングも行なっています。

これは、人が動いてくれているからこそ、できるのです。

理想は、私ができることを、他の先生もできるようになることです。他の人にもできるような仕組みや教育をすることが大切だと考えます。そうすると、その人の将来も開けてきます。

私には、時間に余裕があります。そのため、私にどうしても緊急で治療してほしいという人にも対応することが可能です。

頼む勇気を持つことで、人生はうまく回り出すのです。

自分の力を過信せず、自分の責任を大きくとらえすぎず、思い切って人に頼みごとをしてみてください。

それが自分を小さくする人の強みでもあります。

「運がいい」と潜在意識に認識させる方法

実力や積み重ねは大事ですが、運の力も借りなければ自己実現は難しいとお話ししてきました。

運はバカにできません。運は目に見えないので、扱いも難しいものです。

ここまでお話ししたように、運をつかむにはつながりをつくることが一番です。それこそが、運をつかむことができる確実なことだと忘れないでください。

最後に、「自分は運がいい」と確信するためのセルフイメージのつくり方をご紹介します。

「自分は運が悪い」と思い込んでしまうと、人生はうまくいきません。「運が悪い」という認識は、不安や迷いを生むので、潜在意識に悪影響を与え、パフォーマンスに影響が出るからです。

ここからは、自己肯定感を下げないための運の扱い方をご紹介していきます。

◉「自分は運がいい」と言い切るために必要なこととは？

「運がいいですか？」

と聞かれて、「運がいい」と言い切れない人は自分の過去を否定していると言えます。

いいことが多かったととらえている人は、「運がいい」と言えるのです。

自分の人生は悪いことばかりだったととらえている人は、「自分は運が悪い」と思うのです。

当たり前ですが、「自分の人生で起こったことは、すべていいことばかりだった」と思えれば、運がいい人間だと確信することができます。

そして、今よりも将来が良くなると思えれば、「私は運がいい」と自信を持って言えるようになるのです。

実は、出来事に対するとらえ方が、運の良し悪しの認識を決めています。

そして、とらえ方によって、パフォーマンスが変わります。いつも運が悪いと思う人は、不安や心配が消えることがありません。物事に向かうときに、「また失敗するかもしれない」という考えがよぎれば、うまくいくものもいきません。

有名な話ですが、松下幸之助は採用面接で、「あなたは運がいいですか?」と聞いて、「運がいい」という人を採用したと言われています。

私も自分の医院に採用するなら、運がいいと思っている人にするでしょう。つらいことも苦しいことも、プラスにとらえてきた人だからです。会社にいい影響を与えてくれるのではないかと思えます。

運がいいかどうかわからないという人より、運がいいと断言できる人のほうを採用したくなります。

人の強さは、いわゆる失敗を挽回《ばんかい》してきたかどうか、で差がつくのです。いわゆる失敗をして、問題を認識しているだけでは意味がありません。マイナスは、強いプラスに変えていかなければならないのです。

どんな出来事もプラスととらえて終われば、運が悪いとは思わなくなります。

◉マイナスは強いプラスに変えて終える

「自分が運がいい」と潜在意識に認識させるにはコツがあります。

それが、マイナスの認識を持たせないこと。

マイナスな出来事が起こっても、次にうまくやるためのプラスの面を見つけるということです。

「こういうことが起こるんだな、それなら次はここに気をつければいいんだな。次に成功する方法がわかった」と考えるのです。

失敗をマイナスととらえず、リスク管理法を教えてもらったと考えればいいのです。

プラスマイナスの両方の出来事を自分のために生かしましょう。

人生を生き抜くには、取り残しがないほうがいいので、プラスもマイナスも取り込んでいくことです。

経験した出来事から、「価値を拾うにはどう考えればいいか」と意識してください。

どんなことがあっても、最後はプラスで終わることです。一瞬、マイナスに振れても、このマイナスを次に生かすと考えて、思考を終わらせます。

こうすることで、潜在意識は、自分を運のいい人間だと思い込むようになっていきます。

◉潜在意識にストレスを与えない

もうひとつ、潜在意識にストレスを抱えさせないことです。

これには、ストレスがかかる環境に行かないことが一番です。マイナスのエネルギーを持たないようにしましょう。あなたの心が疲れると、潜在意識も同時に消耗してしまいます。

ストレスがかかる環境とは、理想の自分にふさわしくない環境です。自己実現につながらない環境は、潜在意識にとってはストレスになります。

ストレスを感じる場所を、ストレスを感じないようにすることも大切です。ここでも、マイナスをプラスにとらえる方法が役立ちます。

この前、レストランに行ったときの話です。

席がたくさん空いていたにもかかわらず、お店の人が私の隣の席にお客さんを通しました。

私がビュッフェの料理を取りに行っている間に、隣の席にお客さんが座っていたのです。

私は、スマホを席に置き、料理を取りに行き、自分がこの席にいるということがわかるようにしていました。

「どうして、ここにお客さんを座らせるのか。お店の人は私の存在を忘れてしまったのかな」と少し不快な気持ちになりました。特にコロナ感染予防に意識が高まり始めた時期でしたので。

しかし、私は「まあいいか」と思うことにしました。この出来事をプラスの出来事に変化させればいいからです。

私は「患者さんが密にならない予約管理」や「密になるときには、車で待機していただきお呼びに行く」など歯科医院の経営に、この出来事を生かせないかと考えました。

快適なより良いサービスを患者さんに行なうために、この出来事を自分の病院の経営に生かそうと考え始めたのです。

マイナスの出来事は、次のマイナスを回避するための気づきを与えてくれます。リスクにさらされたときは、次のリスクを回避するための気づきが与えられます。

将来に目を向けると、今は一見、運が悪いと感じる出来事の中からも価値を見つけることができます。

出来事のとらえ方を変えることです。潜在意識をうまく使う人と、そうではない人の違いは、マイナスをプラスに変えることができるかどうかで決まるのです。


この章では、小さな自分を意識して、運をつかむ方法をご紹介しました。運はつかみどころがないのに「必要」という、とても扱いの難しいものです。

人や環境とのつながりを意識し、運の種をまいてください。運をつかむ確率を上げるために、必要なつながりをつくっていきましょう。そのうちのすべてではないでしょうが、いくつかはあなたに幸運をもたらしてくれます。

リーダーになる人は、人とどうつながればいいのか？

外資系金融会社に勤めるAさんは、部署でリーダー的な存在です。

自分からいろいろなことを提案したり、メンバーに自分で考えて動いてほしいと伝えながら、チームを動かそうとしていました。

実は、Aさんは、年長者ということもあり、他の部員からいろいろなことを頼まれていたのですが、自主性を伸ばしてほしいこともあり、自分でやるように伝えていたのです。

しかし、どうしてもチームの総合力が上がりません。プロジェクトの運営が、円滑にならないのです。

そこで、チームをまとめる役割という大きな自分から、頼まれたことを助けてあげる小さな自分に認識を改めました。

自分の求められている役割を認識し、サーバントリーダーシップを発揮することにしたのです。

人を引っ張っていくのではなく、人に寄り添って応援していく。そして、みなの力を引き出していくことにしました。そうすると、チームの力は高まり、プロジェクトを円滑に進めることができるようになったのです。

小さな自分となり、他者を助けることで、成果を出した代表例です。

この章では、人とのつながりに関連させながら、運についてお話ししました。

column

▼偶然に頼らないことで運はコントロールできる

▼成功する人と成功しない人の「つながり」の違い

▼現象ではなく、価値あるつながりに意識を向ける

▼結果の最大化には運の要素が必要

▼自分のプロフィールをつくってみることで運が向いてくる

▼つながるべき人とつながってはいけない人の特徴

▼つながりをつくるために学びの場には参加する

▼責任にとらわれず、人に任せる

▼すべての出来事を「運がいい」ととらえる方法

実態が見えない運ですが、仕掛けて回収するという感覚を持つことが大切です。

第5章

ムダな努力をやめる、これが習慣を定着させる

続けられる人の行動力、やめられる人の特徴

たったひとつの習慣を成功させればいい

「いまこの一秒の集積が一日となり、その一日の積み重ねが一週間、一カ月、一年となって、気がついたら、あれほど高く、手の届かないように見えた山頂に立っていた、というのが私達の人生のありようなのです」(『心に響く名経営者の言葉』ＰＨＰ研究所)

京セラ創業者の稲盛和夫《いなもりかずお》氏はこう述べています。

行動の習慣が定着しなければ、自己実現はできません。自分の理想を達成するには、物事をやり遂げることが必要不可欠だからです。

仕事、勉強、健康……、価値ある人生を送るには、行動を積み重ねなければなりません。

行動を繰り返し行ない、習慣に昇華させる――。

これは、願望をかなえたり、目標を達成するための王道の手法です。欲しい結果を得たいのなら、コツコツと行動し、習慣を続けるしかありません。

これこそが、自己実現のための最も簡単な方法です。

もし、この方法を使わないのなら、発想力や才能などの特殊な能力を発揮させなければなりません。発想力や才能は目覚めるまでに時間がかかります。「天才が必ずしも満足いく人生を実現しているわけではない」ことを考えるとリスクが高すぎます。

だからこそ、私はやることを決めて、それを愚直にやり切ることの大切さを講演などでみなさんにお伝えしています。

まずはひとつの習慣でいいので、それを続けてみてください。たったひとつでも習慣を続けてみると、成功体質がつくられていきます。

成功体質が出来上がる前に、多くの習慣を持つと、失敗体質がつくられてしまいます。あきらめグセや、挫折グセが身につくと自己実現はうまくいきません。たったひとつのことをやり抜くと決意し、成功体質をつくり上げ、目標を達成しましょう。

習慣を成功させるには、クセをつけることが重要です。まずは、ひとつの習慣を継続し、続けるクセをつけます。

こうすると、「自分なりの習慣化のパターン」を見つけることができるからです。パターンがわかれば、他の習慣を続けるために応用できるようにもなります。ひとつの習慣を確実に継続することで、複数の習慣を定着させることができるのです。

習慣化のパターンを見つける前に他の習慣を始めてしまうと、挫折することになります。それどころか、他の習慣を行なうことで、元々やっていた習慣を行なう時間が奪われます。結果として、何も得られず、すべてが中途半端になるのです。

また、多くの人は習慣とは、ただ続けることだと思っています。習慣はより成長できるものに昇華させなければ続きません。筋トレを例に考えると、同じことをやっていれば筋肉の反応が弱くなり、成長しなくなります。

違う刺激を入れることで、肉体を成長させることができるのです。また、刺激を変えることであきることなく習慣を続けられます。

習慣にもブラッシュアップが必要で、ただやるだけでは続きません。成長が感じられないと、人は習慣を続ける意味を見失います。それは、やる気を失わせ、気力を奪っていきます。

より成長するにはどうするか、これを考えながら習慣をバージョンアップさせてください。これも、習慣を定着させる秘訣のひとつです。

1点取るかどうかで大きな差が生まれる

小さなあなたは、まだ何も成し遂げていません。実は、これは習慣を定着させるための大きな武器となります。

なぜなら、どんな小さな行動でも、やりさえすれば成長を感じられるからです。0ベースの真っ白な自分に、毎日1点が加点されていくのです。

「こんなことをやって、なんになるんだ」

小さな行動を積み重ねると、ゴールが見えずに投げ出したくなることもあるかもしれません。

しかし、よく考えてください。

この小さな行動で、あなたは確実に昨日の自分よりも成長しているのです。まだ何も成し遂げていない自分は、**どんな些細《ささい》な行動をやっても、得点を得られる**のです。

小さな行動をするだけで、それは、確実にあなたの脳に喜びという報酬を与えます。小さな行動でも、やることができたら、あなたは心の底で喜びを感じ、自信をつけていくのです。

先にも少し触れましたが、どんなことでもやりさえすれば、潜在意識は「やった」という認識を持ちます。

そして、「やらない」という認識を持たなくなります。今日はやめておこう、という選択をすることがなくなるのです。

今は小さな自分に、1を足していってください。そして、その1が積み重なると、あなたは大きな自分に成長するのです。

成長していく自分が、自己実現を可能にし、価値ある人生を形づくります。

小さな自分が毎日成長することを味わって、習慣を行なうことに喜びを感じながら前進していきましょう。

小さな「やった」が、行動力を高め、習慣を定着させる

小さな自分を認識していると、すべての行動が自分への得点、報酬となります。喜びとなるのです。

多くの人は、意味のある行動、結果が出た行動にしか、価値を感じることができません。しかし、何者でもない自分を自覚していれば、ちょっとした行動でも自分の成長を感じることができます。

つまり、行動することへのハードルが下がるのです。

そして、この小さな行動をすること自体に、実は大きな意味があります。極論すると、行動の質が大切なのではなく、小さくても、結果につながらない行動だとしても、やることに意味があるのです。

たとえば勉強の話をすれば、やり抜いて結果を得る人は、学習の質・内容は置いても、

どんな日でも、勉強机に座り本を開く、という「やったという認識」を持てるギリギリのラインには立ちます。

何をやったか、どこまでやったかはあまり重要ではなく、自分の中にやったという認識を残すことが非常に重要です。小さなことでも〝やった〟、この認識を持つことが大事です。

本を開くだけで何の意味があるのか、と考える人は、本を開くことがないので、やったという認識を持つことができません。本を開く程度のことでも意味があるのです。どんな小さなことでも、やったという認識を持つことが習慣化につながります。

行為の大小にかかわらず、「やった」か「やらないか」が潜在意識にとっては重要なのです。

やったという認識が積み重ならない人は、やらない選択を繰り返すようになります。潜在意識が行動しないクセを持ち、やらないことへのハードルが下がるからです。

私はここ数年、肉体トレーニングをしています。時には、「今日は疲れているから、つらいな」「今日はやめておこうかな」と思うときがあります。

そんな日は、ジムに行ってストレッチをする、または、ダンベルを数回持ち上げるに芽生えさせないためでもあります。

といった、ごく軽い運動でもするようにします。
やったという認識を、自分の中に残すためであり、やらないという認識を自分の中

◉行動の質よりも「やった」か「やらないか」が潜在意識には重要

習慣化が身につかない人は、全く何もやらないときがあるから続けられなくなるのです。たとえ、意味のなさそうな小さな小さなことでも、やるとやらないとでは後々大きな差を生みます。

当然ですが人は、やらないという認識を持つことで、やらないという選択を行ないます。逆に言うと、やらないという認識を持たなければ、潜在意識はやらないという発想をしなくなります。

極論すれば、失敗をしたことがない人は、失敗のイメージをすることができません。お金を稼ぎ続けている人は、お金がない状態をイメージできません。

同じように、やるという認識しかない人は、やらないという思考が生まれないのです。想像できないことは、潜在意識は選択のしようがありません。

やったという感覚を積み重ねて「自分はやる人間だ」と潜在意識が認識すれば、あなたは行動するのです。

とにかく、やらないという発想が生まれない状態をつくることが重要です。

私はどうしてもトレーニングできない状態に陥ったとしても、ジムの場所までは移動し、インストラクターさんと会話だけでもしようと思っています。ただジムに行くだけでも、認識に大きな違いが生まれるからです。

やるという認識を積み重ねていくと、続けられるという認識が生まれます。これが人生において、大きな武器となるのです。

「やらないという選択肢が自分の中にない」

こうなれば、行動力も習慣化も手に入ります。

●極端な2つの結果を思い浮かべる効果

「途中までは頑張った」。これは、全く意味がないのです。結果を出せなかった。満足感はない。この事実があるだけです。

習慣を続けることで得られることと、習慣をやめて得られないことを明確にイメージしてください。わかりやすく、歯ブラシの習慣で考えてみましょう。

歯ブラシ習慣を続けた結果、ピカピカの歯、ピンク色の歯茎が得られます。逆に、歯ブラシ習慣がなければ、虫歯、不健康な真っ赤な歯茎になってしまいます。

どちらがいいのか、それはわかりきっています。

決めた習慣を「やりたくないな」と感じたら、極端な2つの結果をイメージしてみてください。

自分にとって、いい結果と悪い結果です。たとえば、単純に「これをやれば年収が上がる」「これをやらなければ年収は上がらない」と考えてみてください。

そうすると、やるという選択を選びやすくなります。習慣はやめてしまえば、それまでの努力が水の泡になります。

やり抜くことにこそ意味があり、自己実現に近づけるのです。

事前にすべてを想定内にする

習慣を始めると、くじけてしまいそうになることが誰にでもあります。いわゆる失敗があっても修正できるように、すべてを想定内にしておきましょう。

そのためにやるべきことは、緻密《ちみつ》な計画を立てることです。

緻密な計画とは、達成からスタートを逆算して組み立てて、何が起きても結果を得られるイメージをつくることです。

私が手術を行なうときには、あらゆることを想定し、イメージします。こうしたらうまくいく、こうなったらどうするのか、こうであったらどう対応していくか、このように頭の中でシミュレーションを行ないます。

達成のための道筋を明確にして、どんなことが起こっても対応できる必要な準備を整えます。

習慣を続けるうえで、あきらめを引き起こす問題にはどんなことがあるだろうか、そういったリスクまでしっかりと頭の中でイメージしておくことです。

やめたくなるときがくるかもしれない、これ自体を想定内とした計画が必要です。

まずは、自己実現までの道筋を明確にしましょう。ゴールまでの道のりは、多くの要素が絡み合って成り立っています。

そのバラバラの要素を一つひとつ達成可能か確認しながら、つなぎ合わせて、確実にやり抜くための計画をつくり上げます。

◉2日間24人の手術を成功させた計画

たとえば、先ほどお話しした、2日で24人の方を手術したときには、緻密な計画を立てました。ミスは許されないからです。

まずは、スケジュールです。一人ひとりの手術に対して、どのくらい時間をかけるか決めました。

麻酔からの覚醒《かくせい》時間を考え、患者さんの来院時間と送り出しの時間を決めました。手術前の問診時間から、手術への導入時間も決めました。

手術計画も練りました。

ＣＴ画像を基に、事前準備と手術計画を徹底しました。一人ひとりの患者さんの手術レポートをつくり、あえて最悪の事態を想定し、その対応策を練りました。

また、インプラントの会社の人にも立ち会ってもらいました。私も開発に携わりましたので、実際の手術からより良い改善や、新たな開発のヒントを共に探求していくためです。

口の形はみんな違います。全員に同じような手術をしてはいけません。骨がない人や、手術しにくい口内の形をしている人など、様々な人がいます。

一人ひとりに対して、どのような切開線のデザインにするか、などの手術のイメージまで考えました。

とにかく、一人ひとり患者さんの手術のゴールとプロセスを決めたのです。

これは、よく考えると、**あらゆる状況が「わかっている」ということ**です。どんな状況でも、やることが決まっている。緻密な計画を立てることで、この状況をつくりました。

やることに対して不安をすべて消しておく。何か起こってから対応するのではなく、何が起こっても対応できるという計画を立てたのです。

「イレギュラーはない」、こういう計画を立ててください。

緻密な計画を形づくる要素には、技術やスキル、知識や環境、気力、スケジュールなどがあります。

このひとつでも欠けると、緻密な計画は立てられません。

ゴールにスムーズに向かえるイメージはできているか、問題が起こってもしっかり対応できるか、この点をしっかりと考え計画を立ててください。

緻密な計画は、習慣を続けるうえで必要不可欠です。

「緻密な計画」と聞くと、立てたことがない、立て方がわからない、そんな能力はないと、考える人がほとんどです。

しかし、簡単に言うと失敗しない計画を立てることです。現状をより良くするための計画とは？　こう考えてみてください。

より短い時間で、より成功する計画を考えることがスタートです。

短期間でPDCAを回す理由

緻密な計画を立てても、思い通りにならないこともあります。欲しいレベルの結果が得られなかったり、予定の時期に結果が出なかったり……、このようなことが起きたときには、一度計画を考え直すことも必要です。結果が予想通りにならないときには、計画が間違っている可能性があるからです。

その場合には、ＰＤＣＡサイクルを回してみてください。

ＰＤＣＡは、国際的な品質管理システムとして世界的にも認知されていて、世界の企業が取得しているＩＳＯの中でも活用されている価値あるものです。

ＰＤＣＡを行なうことで、計画を修正し、最適なものに改善することができます。

ＰＤＣＡとは、Plan（計画）、Do（実施・実行）、Check（点検・評価）、Action（改善）のサイクルです。これは、プロセスを管理するための手法になります。

計画の「どこに」「何に」間違いがあったのかを見つけ、修正することができます。

計画が甘くなかったか？

順番に問題はないか？

手法に間違いがないか？

どこがうまくいっていないのか？

これらの理由を探すことができて、改善することができます。

緻密な計画を立てたとしても、習慣を始めてみないと、見えてこない世界があります。実行して初めて問題が見えてくることがあるのです。

ＰＤＣＡサイクルを回すことで、よりレベルの高い緻密な計画が立てられます。やり抜くためには、ＰＤＣＡを使いながら進むことをおすすめします。


PDCAをより効果的に使う方法があります。

それは、短い時間で回していくことです。長い時間をかけてＰＤＣＡを回すと、何がうまくいった要因なのか、何が失敗した要因なのかがわかりにくくなってしまいます。期間が長ければ、それだけ情報が多くなるからです。

1日、1週間でPDCAは回していきましょう。長くても1カ月で回してください。

たとえば、毎日、1週間ごと、1カ月ごと、3カ月ごと、半年ごと、1年ごと、と体重を測るのでは、太った原因は短い期間で測ったほうが明確になります。短い期間でチェックしていったほうが、改善策も見つけやすいのです。

データを管理して、いち早く変化に気づくことが習慣化への近道なのです。

PDCAの大切さはよく説かれますが、それがわかっていても実際に使っている人は少ないものです。

ミス防止にもつながるので、ぜひPDCAを使って、より完璧《かんぺき》な計画をつくり上げて、結果が出るまで習慣を続けましょう。

潜在意識の力で、悪い習慣をやめるには？

良い習慣を続けていると、邪魔になるのが悪い習慣です。悪い習慣を持っていると、それは少なからず良い習慣に影響を与えます。

価値のない時間を浪費するということは、それだけ、良い習慣を行なう時間を奪ってしまうからです。

良い習慣をすれば理想に近づくのに、やってはいけないことを延々とやってしまうことは誰にでもあります。

◉自分にとっての価値は何かを考える

「自分にとって価値のあることとはなんなのか」この意識を持ってください。

勉強をしなければならないのに、なぜ、ユーチューブを見続けてしまうのでしょうか。それは、動画にハマってしまう人は、時間を浪費することにあまり罪悪感がないからです。勉強に価値を感じていないということです。

「スキルアップしようと思って勉強を続けているから、そんなことはない」という人もいるでしょう。

しかし確実に、勉強よりも動画を見る楽しみに価値を感じているのです。勉強せずにスキルアップしないことで起こる結果を、しっかりと考えられなくなっています。

勉強に価値を感じていれば、それが優先順位の上位に位置付けられているはずです。

習慣は、**その行動と、行動がもたらす結果に価値を感じていなければ、続けることはできません。**

やるべきことをやらずに、やめるべきことをやってしまうということは、絶対にやり抜くという思いがないからです。

もし、悪い習慣がやめられないのなら、やるべき習慣に対する思いを強めましょう。

「勉強をすると、収入が上がるよ」などと人から言われて始めた習慣などは価値を感じられないものです。

それよりも自分の内側にある欲求と習慣をつなげて思いを強めることが大事です。

「○○歳までに海外に移住したい。そのためには、英語の勉強が必要不可欠。だから毎日単語を10個覚える」

このように、自己実現につながっている習慣しか続けることはできません。価値とは、値打ちのことで、目的の実現に役立つ性質や程度のことです。価値観とは、どんなことに価値を認めるかという個人の判断のことです。

この意味をしっかりと知り、やるべき習慣への価値を高めてください。しっかりと価値を認識できなければ、悪い習慣が良い習慣を崩壊させてしまうのです。

逆に、欲求を達成するための習慣に価値があると思えれば、悪い習慣に時間を割こうとは思わなくなります。

◉悪い習慣を分解してみる

それでも、どうしても悪い習慣をやめられないという人は、1日1回3分でいいので「やめたいこと」について考える時間を持ってください。

どんな悪いことをやっているのか、それはどういった結果を生み出すのか、を考えてほしいのです。

リラックスした状態で、悪い習慣に注目してみてください。落ち着いて、第三者の目で、自分がやっていることを見つめ直すのです。

やめたいのにやめられないという場合、悪い習慣から目をそらしていることが多いものです。やめるのはつらいことでもあるので、現実逃避してしまうのです。

自分がやっている悪い習慣とは何なのか？

それはどんな行動なのか、細かく細かく明確にしてください。

そして、その結果どうなるのか、をしっかりとイメージしましょう。

たとえば、タバコを吸うことで、口内環境が悪くなる。肺が不健康になる。活動的になれない。嫌なことばかりが並ぶはずです。嫌悪感を味わい、やめる決意をうながします。

「タバコを吸っている」「ニコチンを摂取している」「1本吸うのに3分かけている」「煙を吸い込んでいる」「タバコを箱から取り出している」

行動を細かく明確にしていくと、代替できることが見えてきます。

「3分間深呼吸する」「煙を吸い込まないように、ニコチンシールを使う」など、禁煙に向けていろいろと考えられるはずです。

◉ 1回だけやめてみる

また、「1回だけやめてみる」ということをしてみてもいいでしょう。

「やめられた」という認識を増やしていくことで、潜在意識に「タバコを吸わない自分」を認識させましょう。

「1回でもやめた」感覚があるのとないのとでは、大きな違いが生まれます。

悪い習慣には、快感がヒモ付いていることが多いものです。自然にやめられる可能性は低いので、意図的に手放していかなければなりません。

ここでは、3つの方法をご紹介しましたが、やめられなかったら他の方法、やめられなかったら次の方法と試していってください。

これを繰り返すことで、潜在意識に悪い習慣を行なう選択をさせないようにしつけていくことが重要です。

欲求がない人は挫折しやすい

習慣をやり抜く人の特徴に、自分の欲求に素直だということがあります。自分の欲求をかなえることから目をそらさないのです。

これは、習慣を続けることへの気持ちを強め、行動の継続を助けてくれます。

自己実現をする人は、やり抜くから達成するのです。当然ですが、なりたい自分を明確にイメージし、最後までやるから成功するのです。

強い欲求は、意欲を高め、行動を引き起こし、継続させてくれます。どうしてもかなえたいことがあるときは、居ても立ってもいられなくなります。

途中であきらめる程度のことは、本当はやりたくない習慣なのです。

私は今まで、やると決めた習慣は、結果を得るまで必ずやり続けてきました。しかし、それは私が特別な人間だからではありません。

どうしてもやりたい、どうしても結果が欲しい、この思いが強く、行動せざるを得ない状況がつくられていったのです。

欲を強めれば、必ず人は行動します。

あなたが起業を考えているとします。

海外旅行中に、ある人から3億円の出資話があったらどうするでしょうか。ただし、明日中に会わなければ、他の人に出資されてしまいます。

このときあなたは、旅行をやめて、日本に帰るという行動を起こすはずです。

「大好きな俳優さんに、今から富士山を登ってきたらつき合いますと言われたらどうしますか？」

すぐに富士山に向かうことでしょう。

何が何でもなりたい理想の姿をイメージしてください。

欲を強めれば強めるほど、人は行動を起こすのです。

習慣をやり抜き、結果を得る人の共通点は、欲求を強めているということなのです。

努力してやる習慣は続かない

習慣が続く人というのは、努力をしているという感覚を持っていません。

自分が本心からなりたいと思っている姿があれば、人は精神的な苦痛なしに自然に行動を積み重ねることができるのです。

結果を出す人は、努力自体を努力だと思っていないのです。

たとえば、営業でトップになりたいと考えている人は、どうすればもっと売り上げを伸ばせるのか、売り上げをアップさせるにはどういった手法があるのか、を勝手に勉強していくものです。

理想の姿を達成するために、自分で考えて行動に移していきます。

心の底から達成したいことがあれば、勝手にできてしまう行動があります。

私も、講演の質を上げるための学習にはつい熱中してしまいます。

苦痛や心理的負担を感じずにできてしまう習慣があり、スムーズにできてしまう習慣があります。

「○○しなければならない」というような受け身の習慣は続きません。自分がやれてしまう習慣を見つけ、それに集中し、ひたすら続けていきましょう。それこそが、結果を出す近道なのです。

「この習慣は結果につながるのか？」

こう迷ったら、その習慣は絶対に続きません。

自己実現に一直線につながる習慣を探し、実行するようにしてください。

「何もやっていなかった自分が、なぜ？」これで三日坊主を防止する

ミッションもビジョンも明確にした、自分の欲求をあぶり出したのに、それでも行動が続けられない。

こういう人は、とてもつらいことでしょう。

ここまで悩んでしまっている人は、一度、自分が小さな存在だと認識し直してほしいと思います。

人は、そもそも三日坊主になってしまう生き物です。

諸説ありますが、時間生理学によると、月曜日から週末にかけて徐々に調子が高まっていき、金曜日ごろにピークがくるようです。多くの人は、土日でまた調子が落ちていきます。

曜日によっても、やる気にムラが出るようです。しかも、行動をしようと思ったと

きがピークで、それから徐々にやる気は低下していきます。人間は、同じことをやっていると、刺激を感じなくなってくるのです。

やるぞ！　と決意して習慣を始めても、3日目くらいには、どうしても初日よりやる気のレベルは下がります。

3日目くらいで、習慣をやめたくなってしまうものなのです。

しかし、ここで考えてみてください。3日は続けられたのです。何もやっていなかった小さな自分が、3日はできたのです。

これはすごいことではありませんか。

ここで、3日続けられた理由を考えてみてください。何もやっていなかった自分がなぜ、できたのか。

実は、この答えは見つからなくても大丈夫です。**良いことが始められた理由を探ること自体が、やる気を高めてくれるからです。**

小さな自分でも始められた、続けられた、このことに気づくことが大切です。

そして、また3日続ける、また3日続ける、という感覚を持ちましょう。これを繰り返していくことで、習慣は続いていくようになります。

column

◈習慣には集中力が欠かせない

習慣が続く人は、集中力が高いものです。集中を邪魔するのは、雑念です。雑念は、迷いから生まれます。

習慣化する行動を始めるまでに、じっくりと考えてください。何をすればいいのかは明確になっていますか？　それは、熟考した結果、導いた行動ですか？

行動を始めたら、「間違いがない」と確信し、迷わず突き進められるようにしてください。集中し、行動し、「もっとやりたい！」となれば、結果は手にしたも同然です。

この章では、理想の自分をつくるための「継続力の大切さ」をお話ししました。

▼いきなり複数の習慣を続けると、失敗体質が出来上がる
▼1点を取る小さな行動が、後々大きな結果となる
▼習慣を始める前に「イレギュラー」をなくしておく
▼PDCAを短期間で回して、挫折を食い止める
▼悪い習慣を潜在意識にやめてもらう3つの方法
▼努力は習慣定着の邪魔
▼三日坊主でも、変化を大切にすればいい

これらは、習慣を続けるために役立ちます。ぜひ、ひとつでも実践してみてください。

第6章

知識の貯蔵庫を大きくする

潜在意識が一直線に自己実現する勉強法

知識の貯蔵庫を使って1日の70％をコントロールする

自己実現のためには、学びは必要不可欠だと誰もがわかっていることでしょう。

アメリカのデューク大学の研究では、「人生のおよそ45％は習慣的な行動」だという結果が出ています。

人間は、起きている間、45％の行動を無意識に行なっています。25％は意識的な行動をしています。睡眠が30％です。

だから、この無意識の45％の行動をコントロールできれば、**寝ている間以外は、自分で行動をコントロールできる**ということです。

つまり、すべて自己実現のために行動することができます。

潜在意識は、知識の貯蔵庫です。つまり、ミッションとビジョンに沿った知識やスキルを学び、潜在意識に蓄えれば、起きている限り自己実現に向かって前進することができます。

私が学びの大切さをお伝えする最大の理由は、**潜在意識が「知識の貯蔵庫」**であるからです。

勉強したことは、潜在意識の中で折り重なり、思いもよらないひらめきやアイデアを引き出してくれます。

潜在意識は知識の貯蔵庫であることで、問題を解決する力を持っているのです。

私は、世界中の成功哲学を熱心に学んでいた時期があります。「今までの経験を忘れて、自分を0の状態にして成功哲学を学べば、すべての行動が成功につながるはずだ」と考えたからです。

どんなささいな行動も、成功につなげようと考えました。

成功せざるを得ない情報のみを持って生きていく――。そのために私は、成功哲学の情報を頭にどんどん流し入れていったのです。小さな自分となり、学んできたので、今の自分があると思っています。

また、学んだことを潜在意識に蓄えるととてもいい効果がありました。

講演を行なうと、必ず最後に、質疑応答の時間があります。質問内容を事前に知ることができないうえに、参加者の人々に納得いく答えを用意しなければなりません。自画自賛になってしまうのですが、私はこの質疑応答をうまくこなすことができます。

これは、今までに勉強したことが、潜在意識の中に蓄積されているからだと私は確信しています。

勉強したことをすべて覚えておくことはできませんが、一度学んだことは潜在意識の中で折り重なって蓄えられ、私に解決策を与えてくれるのです。私は知識の貯蔵庫から自動的に出てきた思考を言語化しているだけなのです。私は、思いついたことを話しているだけです。

それでも、参加者の人々は、私の答えに満足して会場を後にしてくれます。

思考、行動、選択をする場合、潜在意識が今まで蓄積した知識を使って私を助けてくれるのです。

問題にぶつかったときに、潜在意識に働いてもらうためにも、学びは大切なのです。

「無知な自分」を知ったときにあなたは大きく成長する

理想の自分を明確にして、現状の小さな自分を認識する。そして、そのギャップを埋めることで自己実現は果たされます。

今の小さな自分に不足していることを明確にして、それを補うことが必要です。その不足を埋めるときに使うものが、第5章でお話しした行動と習慣ですが、もうひとつが学びです。

不足を補うには、知識やスキルを吸収するための学びが必要不可欠です。

現状の自分で行動し、習慣を続けても、理想には到達できません。新しい知識とスキルを知り、それを学び、行動に生かしていくことが大切です。また、学び自体を習慣化することも大変重要です。

学びの分野は、専門知識の勉強、仕事・ビジネススキルアップ、運動、お金、健康など、人によって様々でしょう。

結果を得ようとするのなら学び続けるしかありません。

もし、理想の自分だったら「このスキルを持っているはずだ」「この知識があるはずだ」というイメージが思い浮かぶはずです。

そういった、学ぶべきことを明確にして、自分を大きくしていってください。

自己実現していない、ということは、まだ知らないことがあるということです。これはチャンスです。

価値ある人生を送る人は、何歳になっても学び続けています。

自分の価値を上げるために、学び続けましょう。


「無知の知」

これは、ソクラテス哲学の基本です。

知らないことを自覚するということです。

人は、自分が無知であるということに気づいたときに、自分と向き合い、真実の知を探求し始めます。

当たり前ですが、自己実現ができていない理由は、自己実現するための知識がないからです。スキルを持っていないからです。

まずは、自分がまだ無知であるということを自覚しましょう。無知だと気づくからこそ、あなたは自己実現に向かって進んでいくことができるのです。

自分が無知だ、ということに気づくことには大きな価値があります。

自分が無知な小さな人間であると認識できれば、**学びの重要性が身にしみてわかる**はずです。

第2章でミッションとビジョン、目標を立てたあなたは、それを達成するために不足していることを学んでいけばいいのです。

現状の自分と、理想の自分を比べてみて、何を学べばいいのか、ということを真剣に考えてみてください。

必要なものをまだ持っていない——だから、ムダに時間を使わない

自己実現できていないということは、「**自分は必要なものをまだ持っていない**」と自覚してください。

成功のために必要な情報も、知識も、スキルも持っていないということです。

とにかく、自分に不足しているものをどんどん紙に書き出していきましょう。今の自分に必要なものを明確にしていくのです。

自分に足りていない、という感情がわき起これば、人は動き出すからです。不足に注目する、これが勉強内容を決めるときの鉄則です。

ここで根本的なことを思い出しましょう。

あなたは自己実現ができればいいのです。価値ある人生を歩めればいいのです。

そう考えると、**自己実現に必要な勉強以外は不要**です。

ある意味で、自分の興味のないことに関しては無関心でいいのです。

知らなくていいことまで勉強しようとしないでください。時間のムダです。

自分を成長させるためということにこだわりすぎて、必要以上に学ぼうとしてしまう人がいます。これは、本当にやるべき勉強の時間を奪われるので、やめましょう。

あなたがやるべきことは、あなたの本当の望みをかなえることです。「この知識もほしいな」とあれもこれもと手を出さないでください。それは自己実現が終わってからにしましょう。

とにかく、勉強をするのなら、ムダな時間はカットしていくに限ります。

1日14分だけ勉強すればいい

小さな自分は、まだ何も学んでいません。そのため、学びさえすれば今までの自分より確実に成長します。

たった1分勉強するだけでも、昨日よりも今日は成長しているのです。ほんの短時間の勉強をするだけでも、潜在意識にはいいイメージを持たせることができます。

これを繰り返していけば、潜在意識が「今日も勉強する」という選択を導いてくれるので、勉強習慣は徐々についていきます。

社会生活基本調査のデータ（平成28年）によると、10歳以上の男女が、学習・自己啓発・訓練（学業以外）にあてている1日の平均勉強時間は約13分間です。

これは平均ですので、実際には勉強を1分もしていない人が大勢います。

とはいえ、どうせやるなら1分ではもったいないので、まずは平均の13分より1分長い、14分を目標に勉強してみてください。これだけでもあなたは自分の価値を高められます。

ただし、勉強している人の平均時間はもっと長いはずです。

最終的には、30分でも1時間でも上を目指して勉強してみるといいでしょう。

まずは、**1分勉強するだけでも合格ライン**です。14分やれれば上出来なのです。

今の小さな自分で1日わずかな時間だけ勉強していってください。つらくない程度の勉強を繰り返していけば、そのうち勉強時間はどんどん伸びていくでしょう。

人は「本当に欲しいもの」しか得ようとしない

勉強をする前に知っておいてほしいことは、「人は自分が欲しいものしか得ようとしない」ということです。

もう少し詳しく言うと、「人は手に入れないと困るものしか得ようとしない」ということです。

どんなに強い意志を持って勉強に向かったとしても、本当に欲しい知識や、スキルでなければ学びは続きません。

理想の姿と強く結びつく学びでなければ、挫折する可能性が高いということです。

「英語が話せればモテそうだし、収入も上がりそうだ」という程度で勉強を始めるとやめてしまいます。

極端に言うと、

「アメリカ人と結婚したから、英語を話せなければコミュニケーションが取れない」ということなら、勉強を続けることができます。

どんなに勉強テクニックを学び、駆使したところで、この**原理原則に反すると学びの習慣はつきません。**

「どうしても得なければならないこと」なら、勉強効率も効果も上がります。しかし、それ以外の動機で勉強を始めると、時間をかけても吸収する知識の量は少なくなってしまいます。

だからこそ、勉強をするなら、本当の理想の姿を実現するために行なってください。そうしないと意味がありません。

本気になって学ぶには、欲求の達成と勉強内容が強く結びついていなければならないのです。

「結果を得られると確信」できなければ勉強できない

もうひとつ、勉強を始める前に知っておいてほしいことがあります。

それは、「結果を得られると確信できる勉強しか人はできない」ということです。これを学べば結果が出ると確信できるレベルの勉強でなければ、続けられないのです。

「この勉強をすると、本当に自己実現できるのか？」

「ムダな時間を過ごしているんじゃないか？」

と少しでも迷いが生まれると、勉強を続けることはできません。

勉強を続けられる人は、結果につながる勉強内容を、長い時間、多くの回数をかけて考えます。とりあえず、という気持ちで始めても挫折するとわかっているからです。

物事には、「原因と結果」があります。この因果が自分の中で納得できていなければならないのです。

間違っても「楽しそうだからやりたい」というような気持ちで勉強を始めないでください。「楽しい」も大切ですが、それが優先順位の1位になってはいけません。順番があるのです。

「絶対に欲しいものを認識する」→「結果が得られると確信する」、この後で大切になるのが「楽しい」という感情です。

楽しいと感じることは悪いことではありませんが、楽しさを求めることがスタートとなっていると、それは自己実現に向かう姿勢としては弱い。

疲れたから寝る。おなかが空くから食べる。

これは絶対に必要だから得られるのです。楽しそうだから得ようとするのではありません。「本能を呼び起こし、絶対にこの学びが必要だから勉強する」「結果が得られる勉強をする」「成長を楽しみながら勉強する」。

この流れを大切にしてください。

優先順位を一気に上げるには？

勉強を始めるのなら、その時間は最優先にするべきです。

忙しくても勉強を続けられる人は、学びの優先順位を他のことよりも上位に設定しています。スケジュールを組み立てるときには、勉強のスケジュールから書き込んでいくのです。

「今は仕事が忙しいから、時間が空いたときにまとめて勉強しよう」

というような考え方をしていると、いつまでたっても勉強の習慣はつきません。

「自己実現には、この学びが必要だ」と思ったのなら、どんなに予定が詰まっていても最優先で実行するべきです。

これは、なにも「仕事を休んで勉強しなさい」と言っているわけではありません。

「これがどうしてもやりたい」と思ったら、どうすればできるか？　と考え始めるのが人間です。

社会人は、仕事とそれ以外の予定があった場合、仕事を選択しがちです。だからこそ、**勉強の優先順位を仕事よりも高く設定**しましょう。

もし、どうしても時間が捻出《ねんしゅつ》できないときは、音声や映像を使って勉強してみてください。

この学習法は、速度を調整できるからです。2倍速くらいまでは、誰でも音を聴きとることができます。

時間も工夫次第ではコントロールできるので、ぜひ試してみてください。私自身、この学習法を重宝しています。

挫折知らずのアファメーション「つつある」

「自分だけが勉強しているようで、孤独を感じる」

これは、勉強をしている人にとっては、大きな悩みのようです。

最後に、この孤独感を打ち消す方法をご紹介します。

頭の中にネガティブな感情がわき上がったときに、プラス思考に自分を導いていく方法に、アファメーションがあります。

アファメーションは、自己実現に突き進むうえで、とても役に立つのでぜひ試してみてください。

普通、アファメーションは「すでに実現した形で唱えなさい」と言われます。

もし、年収1億円を得たいのなら、「私は年収1億円になっている」といった具合に唱えます。

しかし、私はこれでは否定する気持ちが出てくると考えます。現在形や過去形のアファメーションは、顕在意識が否定的にとらえてしまうのです。なぜなら、現実として、真実ではないからです。

そこで、私は「つつある」という言葉を使うことをおすすめしています。

「私は年収1億円になりつつある」

これなら、否定的な感情がわき起こらないと思います。

勉強で孤独を感じてくじけそうになったときは、

「私は勉強を完了しつつある」

「私は自己実現を果たしつつある」

と自分に向かって唱えてみてください。

よく、1日何回唱えればいいのですか、という質問をいただきますが、私は「まずは1回でいいから唱えてみてください」とお伝えしています。

回数など意識せずに、**リラックスしてアファメーションを唱えてみることでマイナスの感情は消えていきます。**

小さな自分で、しなやかに、したたかに

小さな自分を認識し、大きな自分をイメージする――。
小さな自分でコツコツ前進し、大きな自分に成長する――。

本書は、「まだ何者でもない」「まだ何も成し遂げていない」自分を、ポジティブに最大限に生かして、理想の姿を実現する方法をお話ししてきました。
自分の現状を知り、白紙の「0の状態」である自分を認識することには、大きなメリットがあります。

行動すべてが喜びにつながります。
学びがすべて成長につながります。
思考のスケールを大きくすることができます。

本書で述べたことはすべて、潜在意識を働きやすくするためのものです。

〝まだ〟何も成し遂げていないから、自己実現できる可能性は最大限に高められるのです。

小さな自分を認識し大きな自分をイメージすることで、そのギャップを埋めるように潜在意識は働きます。

そして、小さな自分でいることで、どんな状況のときも、しなやかに、したたかに生き抜くことができるのです。

「小さな自分」という戦略を使い、望みの姿を実現してください。

❖ 成功以外ない世界を生きよう

潜在意識は知識の貯蔵庫です。そこに、どんどん知識を入れ込む時期が必ず必要になります。

私自身、一定期間、とても熱心に成功ということをキーワードに、勉強を行なっていました。潜在意識が、成功という選択しかしないようにしたかったからです。私の持つ知識がすべて成功に関することであるなら、潜在意識は成功を選択せざるを得ません。そのため、成功しかない世界に強制的に身を置いたのです。

毎週休日は、朝6時から成功哲学の教材を聴きました。教材を聴いて、食事して、教材を聴いて。これの繰り返しです。

また、あるとき、ペンシルベニア大学での講演の後、ニューヨーク大学でプログラムリーダーの仕事があり、アメリカに長期間滞在することになりました。

アメリカに滞在している間も、ベッドメイキング以外は教材を聴いていました。美術館などに行ったりという、観光はしませんでした。

サンパウロで行なわれる学会に行くときも、飛行機の中でどれだけ教材を聴けるか、それを楽しみにしていました。

私自身、初めから歯科医、著者、講演家として認められていたわけではありません。学びを重ねたから、今のように自分に価値を感じながら生きられる人生を築けたのだと考えています。

column

この章では、学びの大切さをお話ししました。

- **知識の貯蔵庫に成功知識を詰め込み、1日の70%を支配する**
- **「自分は無知だ」これが学びの強い動機になる**
- **必要ないことには、あえて無関心になる**
- **14分以上の勉強をする人はごくわずか**
- **「人は欲しいもの」しか得ようとしない**
- **「結果を得られると確信できる勉強」しか、人はしない**
- **成功者は勉強を中心にスケジュールを組む**
- **勉強の孤独感を消すにはアファメーションを使う**

小さな自分を認識しながら、大きな自分になるための学習を行なってください。

おわり に

「そろそろ自分を大切にしてあげよう」

人生はいつも死と隣り合わせです。
誰もが、無常を意識しながら生きるべきです。
嫌なことをやめて、少しわがままに生きましょう。
あなたには、価値ある人生を送る権利があるのです。
その権利は、誰にも奪うことはできません。
今より少しだけ、自分のために生きて、満足いく人生を送りましょう。

「あなたは知らなかっただけ」

過去の記憶や経験から、望みをあきらめる必要はありません。
「小さな自分」戦略を知った今、
あなたの成功の可能性は飛躍的に高まっています。
これまでは不可能だったことも、潜在意識が可能にしてくれます。
恐れず、思いっきり挑戦してください。

「あなたに悪いことは、起こるはずがない」

潜在意識にとって悪いことを一切しないあなたには、
悪いことは起こりません。
未来に対して、確信を持ってください。
あなたは、すでに成功しかない世界で生きているのです。
あなたのやることはすべて、望みをかなえることにつながっています。
迷わず、動いてください。

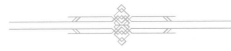

「あなたには正しい結果が用意されている」

目的のない思いと行動は、潜在意識を逆向きに働かせます。
しかし、すでにあなたは目的のある思考を持っています。
すべての行動は、欲しい結果を得るために行ないます。
あなたの言動はすべて、
自己実現を達成することにつながるので、安心してください。

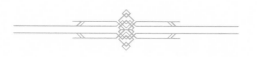

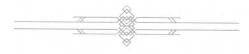

「今、動き出そう」

自分を変えるチャンスは今です。
小さな自分という戦略を持ったあなたは、
大きな願望をかなえるカギを持ちました。
あとは、今すぐカギ穴にカギを差し込み、回すだけです。
本を読み終えた今こそ、成功へと動き出すときです。
潜在意識は、あなたの成功を待ち望んでいます。
そして、助けてくれます。
気を楽にして、第一歩を踏み出してください。

井上裕之

著者紹介

井上裕之　いのうえ歯科医院理事長。歯学博士、経営学博士。1963年、北海道生まれ。東京歯科大学大学院修了後、海外にて世界レベルの技術を学び、医療法人社団いのうえ歯科医院を開業。また、国内外の6つの大学で役職を兼任している。世界初のジョセフ・マーフィー・トラスト（潜在意識の権威）公認グランドマスター。本業の傍ら、独自の成功哲学「ライフコンパス」をつくり上げ、全国各地で講演を行なっている。著書累計は130万部を突破。本書では、「自分を小さく見積もる」ことで潜在意識を最大限に働かせ、自分の価値を高める方法をあますことなく公開する。

成功《せいこう》する人《ひと》だけが知《し》っている「小《ちい》さな自分《じぶん》」という戦略《せんりゃく》

2020年11月10日　第1刷

著　者　井《いの》上《うえ》裕《ひろ》之《ゆき》
発行者　小澤源太郎

責任編集　株式会社 プライム涌光
電話　編集部　03(3203)2850

発行所　株式会社 青春出版社
東京都新宿区若松町12番1号 〒162-0056
振替番号　00190-7-98602
電話　営業部　03(3207)1916

印　刷　共同印刷　　製　本　大口製本

万一、落丁、乱丁がありました節は、お取りかえします。
ISBN978-4-413-23175-6 C0030